TUNESISCH *Häkeln*
Farbige Muster & Streifen

Band 2

Liebe Häklerinnen und liebe Häkler!

Neben den Tunesischen Grundmaschen lassen sich noch viele weitere Muster realisieren, die nur mit dieser Häkeltechnik erreicht werden können. Besonders interessante Effekte ergeben sich, wenn mit Farben gespielt wird. Alle in diesem Buch gezeigten Tunesischen Häkelmuster sind zwei- oder mehrfarbig, werden aber jeweils nur mit einer Farbe pro Reihe gearbeitet. Dadurch sind sie auch für Ungeübte einfach zu meistern. Lassen Sie sich von der Vielfältigkeit der Möglichkeiten inspirieren. Nun wünsche ich viel Vergnügen beim Ausprobieren!

Herzlichst Ihre

Petra Tornack-Zimmermann

Inhalt

Material . . . .

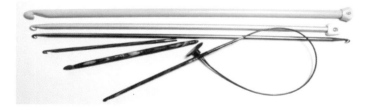

Wolle und eine passende Tunesisch-Häkelnadel, mehr braucht es nicht. Einfache Tunesisch-Häkelnadeln sind etwa 30 cm lang und glatt, um alle Maschen aufzunehmen (z. B. von Prym). Sie werden für schmale Teile wie Schals genommen. Möchte man breite Stücke häkeln, werden Häkelnadeln mit Nylonseil benötigt. Es gibt fertig montierte in diversen Größen oder zum Austauschen der Häkelhaken, welche sich an ein Seil anschrauben lassen (z. B. von KnitPro).

Wenn das Gewebe luftig locker werden soll, empfiehlt es sich, einen größeren Häkelhaken zu verwenden, als für die Wolle angegeben wurde, damit die Maschen locker gearbeitet werden können.

Abkürzungen . . . .

H	=	Hinreihe
li	=	linke
Lm	=	Luftmasche
Ma	=	Masche(n)
MaGl	=	Maschenglied(er)
R	=	Rückreihe
re	=	rechte
Stäb	=	Stäbchen
vläng	=	verlängerte
zus	=	zusammen
[...]	=	Mustersatz wiederholen

Lesen des Häkelschemas . . . .

- Die Nummern der Hinreihen stehen rechts, die der Rückreihen links.
- Die Maschen der Hinreihen werden von rechts nach links gelesen und gehäkelt, durch den grauen Pfeil angedeutet.
- Der zu wiederholende Mustersatz ist jeweils schwarz eingerahmt.
- Verwendete Maschenarten sind in der untenstehenden Legende aufgelistet.
- Bei mehrfarbigen Mustern sind die einzelnen Kästchen in der zu verwendenden Garnfarbe getönt.
- Randmaschen sind nicht im Schema eingezeichnet, werden aber zusätzlich gehäkelt wie beim jeweiligen Muster beschrieben.

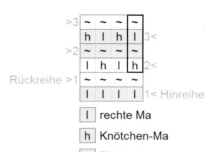

Häkeltechnik . . . .

Jede tunesische Häkelreihe besteht aus einer Hin- und einer Rückreihe. In den Hinreihen werden Maschen auf die Nadel geholt. In den Rückreihen werden diese Maschen wieder abgemascht. Die allererste Hin- und Rückreihe ist die Grundreihe. Diese wird für alle aufgeführten Muster gleich gehäkelt.

Maschen holen

Anfang und Hinreihe
Mit einer Luftmaschenkette beginnen. Die letzte Masche übergehen, in die nächste Luftmasche einstechen, einen Umschlag um die Nadel legen und diesen durchziehen. Die entstandene Masche bleibt auf der Nadel. Diesen Arbeitsschritt bis zum Reihenende mit jeder Masche wiederholen, bis sich die gewünschte Maschenzahl auf der Nadel befindet.

Wendeluftmasche

Rückreihe
Auf die letzte Masche ganz links auf der Nadel wird in jeder Rückreihe eine Wendeluftmasche gehäkelt.

Rückreihe abmaschen

Nun ändert sich die Arbeitsrichtung. Die Rückreihe wird von links nach rechts auf der Vorderseite weitergearbeitet.
Einen Umschlag bilden und diesen durch jeweils zwei Maschen auf der Nadel ziehen. Diesen Arbeitsschritt, auch „abmaschen" genannt, mit jeder Masche bis zum Reihenende wiederholen, bis nur noch eine Schlinge auf der Nadel verbleibt, siehe Bild D.

fertige Grundreihe

Die Grundreihe ist fertig und die erste Musterreihe kann beginnen.
Auch alle Rückreihen in den folgenden gezeigten Mustern werden auf dieselbe Art gehäkelt, wie diese Rückreihe.

Maschenglieder . . . .

1. vorderes MaGl
2. hinteres MaGl
3. oberes MaGl
4. unteres MaGl
5. hinten liegendes MaGl

- So wie die Grundreihe werden auch die Musterreihen gearbeitet. Jetzt bestehen aber mehrere Möglichkeiten, in eine Masche einzustechen.
- Für die Musterbildung ist es entscheidend, in welches Maschenglied (MaGl) eingestochen wird, in welche Richtung der Häkelhaken dabei gehalten wird und ob eine rechte oder linke Masche gehäkelt wird.
- Das erste, vordere MaGl gehört zur Randmasche und wird immer übergangen.
- Wie eine tunesische Masche nach der Grundreihe aussieht, zeigt Bild E. Die Masche hat zwei "Beine", eins vorne und eins hinten, mit blauer Wolle gearbeitet. Die Rückreihe und halbfertige Hinreihe ist in weißer Wolle.

1. Vorderes Maschenglied

Das vordere MaGl ist das senkrechte, linke "Bein" der Masche. Es ist das Gebräuchlichste in der Tunesischen Häkelei und ergibt den einfachen Tunesischen Grundstich. Man sticht gewöhnlich von rechts nach links ein, wenn nichts Spezielles für ein Muster verlangt wird.

2. Hinteres Maschenglied

Das hintere MaGl ist das rechte "Bein" der Masche. Meistens wird auf Rückseite eingestochen, um Knötchen-Maschen zu häkeln.

3. Oberes Maschenglied

Das obere, waagerechte MaGl entsteht während der Rückreihe (im Bild mit weißer Wolle). Für rechte Ma sticht man von der Vorderseite ein, für linke Maschen von hinten.

4. Unteres Maschenglied

Das untere MaGl entsteht während der Rückreihe und wird kaum verwendet.

5. Hinten liegendes Maschenglied

Das hinten liegende, waagerechte MaGl ist zu sehen, wenn man die Arbeit mit der Rückseite zu sich hin kippt. Es entsteht ebenfalls während der Rückreihe. Man kann mit der Häkelnadel von vorne oder hinten einstechen, je nachdem welche Maschenart gehäkelt werden soll.

6. Andere Varianten einzustechen

- Außerdem gibt es die Möglichkeit, die Häkelnadel direkt in eine Masche einzustechen, d. h. zwischen die "Beine" von vorne auf die Rückseite hindurch, wie für den Strickstich.
- Außerdem kann in die Lücke zwischen zwei Maschen eingestochen werden, dann ergibt sich der Füllstich.
- Für manche Muster sind auch mehrere Maschenglieder gleichzeitig zu erfassen, z. B. das vordere und obere MaGl für verstärkte rechte Maschen. Oder es werden zwei vordere MaGl zusammengehäkelt. Somit ergeben sich verschiedene Musterstrukturen.

Die richtige Maschenzahl anschlagen . . . .

Grundreihe: Luftmaschen-Anschlag

gerade Ma-Zahl
1 Rand-Ma + 8 Muster-Ma + 1 Lm
insgesamt 10 Lm anschlagen

- Für die Luftmaschen-Kette wird ein Vielfaches des Mustersatzes und zusätzlich zwei Randmaschen gehäkelt.
- Wenn ein Muster eine gerade Maschenzahl erfordert, wird auch eine gerade Zahl an Luftmaschen angeschlagen. Man übergeht die letzte Lm und holt aus jeder verbleibenden Luftmasche eine Schlinge.
- Möchten wir beispielsweise einen Streifen mit 10 Ma häkeln, wie im linken Bild schematisch dargestellt, wird mit 10 Lm angefangen, die letzte Lm übergangen und noch 9 Schlingen geholt.
- Die linke und rechte Schlinge auf der Nadel entsprechen den beiden Randmaschen. Die Maschen dazwischen sind im Mustersatz zu häkeln.
- Um ein Muster auszuprobieren, reicht es meistens einen kleinen Test mit etwa sechzehn Maschen zu häkeln.

Randmaschen . . . .

beide Maschenglieder erfassen

- Um einen schönen, gleichmäßigen, linken Rand zu erhalten, sticht man bei der letzten Ma einer Hinreihe so ein, daß zwei Maschenglieder auf der Nadel liegen und holt die Ma durch beide hindurch.
- Am rechten Rand bildet sich durch die Anfangsmasche automatisch eine saubere Kante.

Maschen zunehmen und abnehmen. . . . .

Zunehmen am rechten Rand
Eine Lm häkeln und im vorderen MaGl der sonst übergangenen Randmasche eine Schlinge holen.

Zunehmen am linken Rand
Eine Extramasche in das obere Maschenglied vor der Randmasche häkeln.

Abnehmen am rechten Rand
Die letzten beiden Maschen in der Rückreihe werden zusammen abgemascht.

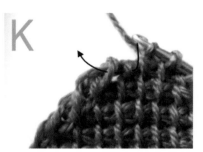

Abnehmen am linken Rand
Die beiden letzten Maschen zu-sammen erfassen und gemeinsam abhäkeln.

Abketten der fertigen Arbeit . . . .

abgekettete Häkelei

- Um eine ebenmäßige obere Kante zu erzielen, wird nach der letzten Rückreihe die Arbeit mit einer Abkettreihe beendet.
- Dazu in das entsprechende MaGl mustergemäß einstechen, eine Schlinge holen und diese gleich durch beide Ma auf der Nadel ziehen, d. h. eine Kettmasche häkeln. So jede Masche bis zum Reihenende abketten.
- Mustergemäß bedeutet, es werden weiterhin rechte oder linke Maschen, Strickstiche oder Füllstiche usw. gearbeitet.
- Wenn im Muster z. B. zwei Maschen zusammengehäkelt werden, dies auch in der Abkettreihe fortsetzen.
- Ein Umschlag im Muster ist in der Abkettreihe durch eine Luftmasche zu ersetzen.

Tunesische Maschenarten..........

Grundstich (Rechte Maschen)

Um eine Masche auf die Nadel zu holen, wird von rechts nach links ins vordere Maschenglied eingestochen, ein Umschlag gebildet und dieser durchgezogen. Es bleibt eine Schlinge auf der Nadel.

Strickstich

Die Häkelnadel zwischen vorderem und hinterem Maschenglied von vorne in eine Masche einstechen (zwischen die "Beine" der Ma), so dass die Nadel auf der Rückseite herauskommt. Dann eine Masche holen.

Knötchenstich

Die Häkelnadel auf der Rückseite von rechts nach links in das hintere Maschenglied einstechen, dann eine Masche häkeln. Die vorige Rückreihe kippt dabei nach vorne und bildet die Knötchen.

Linke Maschen

Zuerst den Arbeitsfaden nach vorne legen. Dann den Häkelhaken von rechts nach links ins vordere Maschenglied einstechen, einen Umschlag bilden und durch die Masche holen.

Füllstich

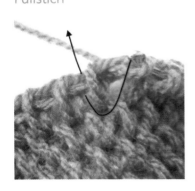

Die Häkelnadel zwischen zwei Maschen von vorne auf die Rückseite hindurch und unter der Rückreihe einstechen. Dann eine Masche auf die Nadel holen.

Drehmaschen

Mit der Hakenspitze von unten links nach oben rechts zeigend ins vordere Maschenglied einstechen, um eine Ma zu holen. Dadurch neigt sich der Faden nach rechts.

Maschen zusammenhäkeln

Um zwei Maschen zusammenzuhäkeln, wird der Häkelhaken in zwei vordere Maschenglieder gleichzeitig eingestochen, dann umschlagen und eine Schlinge auf die Nadel holen.

Verlängerte Maschen

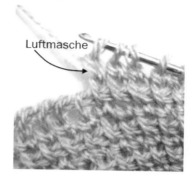

Luftmasche

Um eine verlängerte Ma zu häkeln, wird auf eine rechte Masche noch eine Luftmasche gehäkelt. Ebenso lassen sich linke, Strickstich-, Rand-, Knötchen-Maschen oder Füllstiche verlängern.

Tunesische Stäbchen

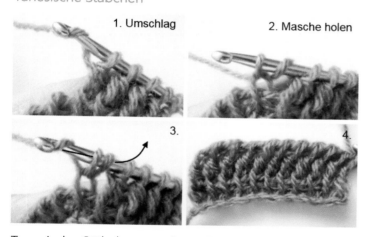

1. Umschlag

2. Masche holen

3.

4.

Tunesische Stäbchen werden prinzipiell wie normale Stäbchen gearbeitet, aber es entfällt die letzte Abmaschung und bleibt als Masche auf der Nadel.
Es wird ein Umschlag gebildet (Bild 1), eine Schlinge durch das jeweilige MaGl geholt (Bild 2), noch ein Umschlag gebildet und dieser durch zwei Schlingen auf der Häkelnadel gezogen (Bild 3).
Bild 4 zeigt Tunesische Stäbchen nach der Rückreihe. Die rechte Randmasche ist jeweils vor Beginn der Hinreihe mit einer Luftmasche in der Höhe anzupassen.

Umschlag und Revers-Umschlag

Umschlag

Für einen normalen Umschlag wird der Häkelhaken von vorne um den Arbeitsfaden gelegt, wie beim Häkeln von Stäbchen.

Umschlag von hinten

Für einen Revers-Umschlag (auch als Umschlag von hinten bezeichnet) den Häkelhaken von hinten um den Arbeitsfaden legen.
Dieser Umschlag wird beim Häkeln mit dem Finger festgehalten, bis die nächste Masche geholt ist.

Drei mal Drei . . . .

Es werden nur Grund-
maschen in drei Farben
ins vordere MaGl gehä-
kelt. Mit jeder Farbe drei
"halbe" Reihen arbeiten.
Mit halber Reihe ist eine
Hin- oder Rückreihe ge-
meint. Wenn ein Farb-
wechsel ansteht, wird die
Garnfarbe weiter verwendet, die gerade auf der entsprechenden Seite hängt. Beim Farbwechsel vor der
Rückreihe auch die Wendeluftmasche schon mit der
neuen Farbe arbeiten. Die letzte Ma als Randmasche
häkeln. Die Ma-Zahl kann beliebig sein.

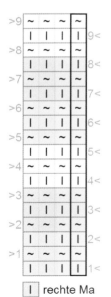

1. H: Mit Farbe 1 rechte Ma häkeln.
Die erste Reihe ist die Grundreihe.
1. R: Mit Farbe 1 abmaschen.
2. H: Mit Farbe 1 rechte Ma häkeln.
2. R: Mit Farbe 2 abmaschen.
3. H: Mit Farbe 2 rechte Ma häkeln.
3. R: Mit Farbe 2 abmaschen, die
letzte Ma mit Farbe 3.
4. H: Mit Farbe 3 rechte Ma häkeln.
4. R: Mit Farbe 3 abmaschen.
5. H: Mit Farbe 3 rechte Ma häkeln.
5. R: Mit Farbe 1 abmaschen.
6. H: Mit Farbe 1 rechte Ma häkeln.
6. R: Mit Farbe 1 abmaschen, die
letzte Ma mit Farbe 2.
7. H: Mit Farbe 2 rechte Ma häkeln.
Fortsetzung siehe rechts. > > >

rechte Ma
~ Rückreihe

Gestreifte Gräten . . . .

Für die strukturierten
Rippen wird abwechselnd
eine Reihe rechte Ma
und linke Ma gehäkelt,
alle ins vordere MaGl. Die
Garnfarbe am rechten
Rand wechseln. Die letzte
Ma als Randmasche
arbeiten. Die Ma-Zahl ist
beliebig.

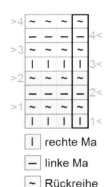

1. H: Mit Farbe 1 **rechte** Ma häkeln.
Die erste Reihe ist die Grundreihe.
1. R: Mit Farbe 1 abmaschen.
2. H: Mit Farbe 1 **linke** Ma häkeln.
2. R: Mit Farbe 1 abmaschen, die
letzte Ma mit Farbe 2.
3. H: Mit Farbe 2 **rechte** Ma häkeln.
3. R: Mit Farbe 2 abmaschen.
4. H: Mit Farbe 2 **linke** Ma häkeln.
4. R: Mit Farbe 2 abmaschen, die
letzte Ma mit Farbe 1.
Reihe 1 bis 4 wiederholen.

I rechte Ma
− linke Ma
~ Rückreihe

. . . .

Fortsetzung Drei mal Drei

7. R: Mit Farbe 2 abmaschen.
8. H: Mit Farbe 2 rechte Ma häkeln.
8. R: Mit Farbe 3 abmaschen.
9. H: Mit Farbe 3 rechte Ma häkeln.
9. R: Mit Farbe 3 abmaschen, die letzte Ma mit Farbe 1.
Reihe 1 bis 9 wiederholen.

Krausrippenstreifen . . . . .

Für die Krausrippen Streifen werden zwei Reihen linke Ma und eine Reihe rechte Ma, alle ins vordere MaGl, gehäkelt. Die Garnfarbe am rechten Rand wechseln. Die letzte Ma als Rand-Ma arbeiten.

1. H: Mit Farbe 1 eine Grundreihe mit beliebiger Ma-Zahl häkeln.
1. R: Mit Farbe 1 abmaschen, die letzte Ma mit Farbe 2.
2. H: Mit Farbe 2 **linke** Ma häkeln, enden mit 1 Rand-Ma.
2. R: Mit Farbe 2 abmaschen, die letzte Ma mit Farbe 1.
3. H: Mit Farbe 1 **linke** Ma häkeln, enden mit 1 Rand-Ma.
3. R: Mit Farbe 1 abmaschen.
4. H: Mit Farbe 1 **rechte** Ma häkeln, enden mit 1 Rand-Ma.
4. R: Mit Farbe 1 abmaschen, die letzte Ma mit Farbe 2.
Reihe 2 bis 4 wiederholen.

I	rechte Ma
−	linke Ma
~	Rückreihe

. . . .

Fortsetzung Wechselrippen
9. H: Mit Farbe 3 **rechte** Ma häkeln.
9. R: Mit Farbe 3 abmaschen, die letzte Ma mit Farbe 1.
Reihe 1 bis 9 wiederholen.

Wechselrippen . . . .

Für das Muster werden drei Hin- oder Rückreihen in der gleichen Farbe gehäkelt, jeweils zwei Reihen rechte Ma und eine Reihe linke Ma, alle ins vordere MaGl. Die Garnfarbe weiterverwenden, die gerade auf der entsprechenden Seite hängt. Die letzte Ma als Randmasche häkeln. Die Ma-Zahl ist beliebig.

1. H: Mit Farbe 1 **rechte** Ma häkeln. Die erste ist die Grundreihe.
1. R: Mit Farbe 1 abmaschen.
2. H: Mit Farbe 1 **linke** Ma häkeln.
2. R: Mit Farbe 2 abmaschen.
3. H: Mit Farbe 2 **rechte** Ma häkeln.
3. R: Mit Farbe 2 abmaschen, die letzte Ma mit Farbe 3.
4. H: Mit Farbe 3 **rechte** Ma häkeln.
4. R: Mit Farbe 3 abmaschen.
5. H: Mit Farbe 3 **linke** Ma häkeln.
5. R: Mit Farbe 1 abmaschen.
6. H: Mit Farbe 1 **rechte** Ma häkeln.
6. R: Mit Farbe 1 abmaschen, die letzte Ma mit Farbe 2.
7. H: Mit Farbe 2 **rechte** Ma häkeln.
7. R: Mit Farbe 2 abmaschen.
8. H: Mit Farbe 2 **linke** Ma häkeln.
8. R: Mit Farbe 3 abmaschen.

< < < Fortsetzung siehe links.

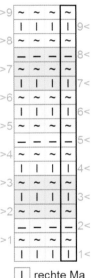

I	rechte Ma
−	linke Ma
~	Rückreihe

Regenbogengräten . . . . .

Für diese strukturierten Rippen wird abwechselnd eine Reihe linke Ma und eine Reihe rechte Ma gehäkelt, alle jeweils ins vordere MaGl. Die Farbe ist am rechten Rand zu wechseln. Die Ma-Zahl kann beliebig gewählt werden, die letzte Ma als Randmasche häkeln.

1. H: Mit Farbe 1 **rechte** Ma häkeln, die erste ist die Grundreihe.
1. R: Mit Farbe 1 abmaschen, die letzte Ma mit Farbe 2.
2. H: Mit Farbe 2 **linke** Ma häkeln.
2. R: Mit Farbe 2 abmaschen.
3. H: Mit Farbe 2 **rechte** Ma häkeln.
3. R: Mit Farbe 2 abmaschen, die letzte Ma mit Farbe 3.
4. H: Mit Farbe 3 **linke** Ma häkeln.
4. R: Mit Farbe 3 abmaschen.
5. H: Mit Farbe 3 **rechte** Ma häkeln.
5. R: Mit Farbe 3 abmaschen, die letzte Ma mit Farbe 4.
Reihe 2 bis 5 wiederholen, dabei jeweils die Farbe nach zwei Reihen wechseln.

~	~	~	~	10
—	—	—	—	10
~	~	~	~	>9
I	I	I	I	9<
—	—	—	—	>8
—	—	—	—	8<
~	~	~	~	>7
I	I	I	I	7<
—	—	—	—	>6
—	—	—	—	6<
~	~	~	~	>5
I	I	I	I	5<
~	~	~	~	>4
—	—	—	—	4<
~	~	~	~	>3
I	I	I	I	3<
~	~	~	~	>2
—	—	—	—	2<
~	~	~	~	>1
I	I	I	I	1<

I	rechte Ma
—	linke Ma
~	Rückreihe

Quergehäkelte Reihen . . .

3 Ma holen

Für dieses Muster werden für eine Hinreihe viele tunesische Minireihen in querliegender Richtung gearbeitet, die sozusagen an ein großes Teil angehäkelt werden. So lassen sich auch tunesische Häkelstücke gleich während des Arbeitens bequem miteinander verbinden und das spätere Zusammennähen ersparen.
Die Maschenzahl der Minireihen kann beliebig gewählt werden und bestimmt die Höhe einer quergehäkelten Reihe. Im Beispiel auf den Bildern sind es drei Maschen.

Man beginnt die quergehäkelte Reihe mit drei Lm, übergeht die erste Lm, holt durch die zweite und dritte Lm eine Schlinge (in blau) wie bei der tunesischen Grundreihe und noch eine Schlinge aus dem vorderen MaGl der Vorreihe (in gelb). Nun sind vier Schlingen auf der Nadel, wie im oberen Bild gezeigt. Dies ist die erste querliegende Hinreihe.

Diese wird nun wieder abgemascht. Dazu eine Wende-Lm durch die letzte Ma häkeln und zwei Ma abmaschen. Es bleibt pro Minireihe jeweils eine Ma mehr auf der Nadel, siehe mittleres Bild.

Nun folgt die nächste Minireihe. Es werden wieder drei neue Ma geholt, eine in der ersten Ma der ersten Minireihe (blau), eine in der zweiten Ma der Minireihe (blau) und eine Ma in der Vorreihe des Häkelstücks (gelb), siehe Pfeile im Bild.

Im unteren Bild wurde schon die vierte Mini-Hinreihe gehäkelt. Wenn über jede Ma der Vorreihe ein Minireihe gearbeitet wurde, ist die Hinreihe fertig. Dann die Garnfarbe wechseln und die Rückreihe abmaschen.

1. H: Mit Farbe 1 eine Grundreihe häkeln.
1. R: Mit Farbe 2 die Rückreihe abmaschen.
2. H: Mit Farbe 2 eine **querhäkelte Reihe** arbeiten.
2. R: Mit Farbe 1 die Rückreihe abmaschen.
3. H: Mit Farbe 1 eine **querhäkelte Reihe** arbeiten.
3. R: Mit Farbe 2 die Rückreihe abmaschen.
Reihe 2 und 3 wiederholen.

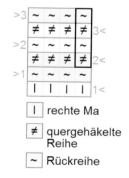

| | rechte Ma
| ≠ | quergehäkelte Reihe
| ~ | Rückreihe

Fancy Blockstreifen . . . . .

Es werden rechte und linke Ma ins vordere MaGl gearbeitet. Die letzte Ma als Randmasche häkeln. Die Garnfarbe am rechten Rand wechseln. Eine Ma-Zahl teilbar durch sechs und zwei Rand-Ma anschlagen.

1. H: Mit Farbe 1 eine Grundreihe mit einer Ma-Zahl teilbar durch 6 und 2 Rand-Ma häkeln, z. B. 20 Ma.
1. R: Mit Farbe 1 abmaschen, die letzte Ma mit Farbe 2.
2. H: Mit Farbe 1 je **[3 re Ma und 3 li Ma]** häkeln.
2. R: Mit Farbe 1 abmaschen, die letzte Ma mit Farbe 2.
3. H: Mit Farbe 2 je **[3 re Ma und 3 li Ma]** häkeln.
3. R: Mit Farbe 2 abmaschen.
4. H: Mit Farbe 2 je **[3 li Ma und 3 re Ma]** häkeln.
Die re und li Ma liegen zur Vorreihe versetzt.
4. R: Mit Farbe 2 abmaschen, die letzte Ma mit Farbe 1.
5. H: Mit Farbe 1 je **[3 li Ma und 3 re Ma]** häkeln.
5. R: Mit Farbe 1 die Rückreihe abmaschen.
Reihe 2 bis 5 wiederholen.

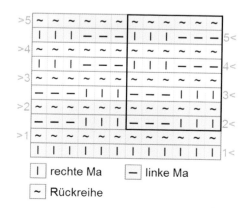

| | rechte Ma | — | linke Ma
| ~ | Rückreihe

13

Luftiges Gitter . . . .

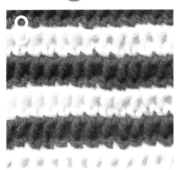

Für das luftige Gittermuster werden verlängerte (vläng) rechte Maschen in das hinten liegende, waagerechte MaGl gehäkelt (siehe Seite 5, Nr. 5). Die Garnfarbe nach jeder Rückreihe wechseln. Die rechte und linke Randmasche wird ebenfalls mit einer Luftmasche verlängert. Eine beliebige Ma-Zahl anschlagen.

1. H: Mit Farbe 1 die Grundreihe häkeln.
1. R: Mit Farbe 1 abmaschen, die letzte Ma mit Farbe 2.
2. H: Mit Farbe 2 eine Lm häkeln, dann eine Reihe
[vläng re Ma ins hinten liegende, waagerechte MaGl]
häkeln, mit einer vläng Rand-Ma enden.
2. R: Mit Farbe 2 abmaschen, die letzte Ma mit Farbe 1.
3. H: Mit Farbe 1 wie Reihe 2 häkeln.
3. R: Mit Farbe 1 abmaschen, die letzte Ma mit Farbe 2.
Reihe 2 und 3 wiederholen.

| | rechte Ma
| vläng re Ma ins hintere waagerechte MaGl
~ | Rückreihe

Lange Linksmaschen . . . .

Vorderseite

Rückseite

Auch linke Maschen lassen sich mit einer Luftmasche verlängern. Die Rückseite zeigt ein geripptes Maschenbild. Wie gewohnt mit vorgelegtem Faden eine linke Ma ins vordere MaGl häkeln und darauf eine Luftmasche setzen. Auch die Randmaschen an beiden Seiten mit einer Lm in der Höhe anpassen. Eine beliebige Ma-Zahl anschlagen.

1. H: Mit Farbe 1 die Grundreihe häkeln.
1. R: Mit Farbe 1 die Rückreihe abmaschen.
2. H: Mit Farbe 2 mit 1 Lm beginnen, weiterhin
[vläng linke Ma] häkeln, mit 1 vläng Rand-Ma enden.
2. R: Mit Farbe 2 abmaschen, die letzte Ma mit Farbe 2.
3. H: Mit Farbe 1 wie Reihe 2 arbeiten.
3. R: Mit Farbe 1 abmaschen,
die letzte Ma mit Farbe 2.
Reihe 2 und 3 wiederholen.

| | rechte Ma
| vläng linke Ma
~ | Rückreihe

Lange Rippen . . . .

Für das Rippenmuster werden verlängerte rechte und verlängerte linke Maschen ins vordere MaGl gearbeitet. Dazu auf jede Ma eine Luftmasche häkeln. Die Randmaschen ebenfalls mit einer Lm in der Höhe angleichen. Die Garnfarbe am linken Rand wechseln. Eine gerade Ma-Zahl anschlagen.

1. H: Mit Farbe 1 eine Grundreihe mit einer geraden Ma-Zahl häkeln.
1. R: Mit Farbe 2 abmaschen.
2. H: Mit Farbe 2 mit 1 Lm beginnen, dann abwechselnd **[1 vläng re Ma und 1 vläng li Ma]** häkeln, mit 1 vläng Rand-Ma enden.
2. R: Mit Farbe 1 abmaschen.
3. H: Mit Farbe 1 wie Reihe 2 häkeln.
3. R: Mit Farbe 2 abmaschen.
Reihe 2 und 3 wiederholen.

	I	rechte Ma
	?	vläng rechte Ma
	♀	vläng linke Ma
	~	Rückreihe

Offsetmaschen . . . .

Masche durch den Umschlag ziehen

Offset-Maschen liegen im Gegensatz zu normalen Grundmaschen nicht übereinander, sondern dachziegelartig versetzt. Um eine Offset-Ma zu häkeln, wird ein Umschlag um die Nadel gelegt, ins vordere MaGl eingestochen und eine Schlinge durch das MaGl und den Umschlag gezogen, siehe rechtes Bild. Die Masche ordnet sich zur Vorreihe nach rechts versetzt an. Darum wird in jeder zweiten Reihe die erste Ma ausgelassen und am Ende eine Ma zugenommen. Dies ist auch im Häkelschema ersichtlich, leere Kästchen haben keine Bedeutung.

1. H: Mit Farbe 1 die Grundreihe häkeln.
1. R: Mit Farbe 2 abmaschen.
2. H: Mit Farbe 2 **Offset-Ma** häkeln, mit 1 vläng Rand-Ma enden.
2. R: Mit Farbe 1 abmaschen.
3. H: Mit Farbe 1 häkeln, ab der zweiten Ma **Offset-Ma** arbeiten, am Ende 1 Ma im oberen MaGl zunehmen und 1 Rand-Ma häkeln.
3. R: Mit Farbe 2 abmaschen.
Reihe 2 und 3 wiederholen.

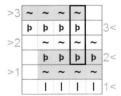

	I	rechte Ma
	þ	Offset-Ma
	~	Rückreihe

Stäbchen Kombistreifen..

vorderes und oberes MaGl

Vorderseite Rückseite

Mit dem Stäbchenmuster geht die Arbeit schnell voran. Die Häkelei wird stabiler, wenn bei allen Ma gleichzeitig ins vordere und obere MaGl eingestochen wird, siehe rechtes Bild. In den Stäbchenreihen werden beide Randmaschen je um eine Luftmasche erhöht. Für den melierten Effekt die Garnfarbe vor der Rückreihe wechseln. Die Ma-Zahl ist beliebig wählbar.

1. H: Mit Farbe 1 eine Grundreihe häkeln.
1. R: Mit Farbe 2 abmaschen.
2. H: Mit Farbe 2 mit 1 Lm beginnen, dann **[Stäb ins vordere und obere MaGl]** häkeln, mit 1 vläng Rand-Ma die Reihe beenden.
2. R: Mit Farbe 1 abmaschen.
3. H: Mit Farbe 1 eine Lm häkeln, dann **[re Ma ins vordere und obere MaGl]**, enden mit 1 vläng Rand-Ma.
3. R: Mit Farbe 2 abmaschen.
Reihe 2 und 3 wiederholen.

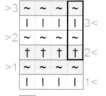

| | rechte Ma
† | Stäbchen
~ | Rückreihe

Stäbchenmix . . . .

Vorderseite Rückseite

Grundmaschen und Tunesische Stäbchen im Wechsel ergeben dieses Maschenbild mit sehenswerter Rückseite. Es wird jeweils ins vordere MaGl eingestochen. Die Randmaschen mit einer Luftmasche verlängern. Die Garnfarbe am linken Rand wechseln. Eine gerade Ma-Zahl anschlagen.

1. H: Mit Farbe 1 eine Grundreihe mit einer geraden Ma-Zahl häkeln.
1. R: Mit Farbe 2 abmaschen.
2. H: Mit Farbe 2 eine Lm häkeln, dann abwechselnd **[1 re Ma und 1 Stäb]**, enden mit 1 Rand-Ma.
2. R: Mit Farbe 1 abmaschen.
3. H: Mit Farbe 1 abwechselnd **[1 Stäb und 1 re Ma]** häkeln, enden mit 1 vläng Rand-Ma.
Die Stäbchen liegen zur Vorreihe versetzt.
3. R: Mit Farbe 2 abmaschen.
Reihe 2 und 3 wiederholen.

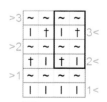

| | rechte Ma
† | Stäbchen
~ | Rückreihe

Einfache Wellen . . . .

Für die Wellen wird jede zweite Reihe als Musterreihe aus Stäbchen und rechten Ma gearbeitet. Die Häkelei wird stabiler, wenn gleichzeitig ins vordere und obere MaGl eingestochen wird (wie beim Muster 12). Die Garnfarbe am rechten Rand wechseln. Eine Ma-Zahl teilbar durch acht und zwei Rand-Ma anschlagen.

1. H: Mit Farbe 1 **rechte** Ma häkeln, enden mit 1 Rand-Ma. Für die Grundreihe sollte insgesamt eine Ma-Zahl teilbar durch 8 und 2 Rand-Ma auf der Nadel sein.
1. R: Mit Farbe 1 abmaschen, die letzte Ma mit Farbe 2.
2. H: Mit Farbe 2 abwechselnd **[4 re Ma und 4 Stäb]** häkeln, enden mit 1 vläng Rand-Ma.
2. R: Mit Farbe 2 abmaschen, die letzte Ma mit Farbe 1.
3. H: Mit Farbe 1 **rechte** Ma und 1 Rand-Ma häkeln.
3. R: Mit Farbe 1 abmaschen, die letzte Ma mit Farbe 2.
4. H: Mit Farbe 2 eine Lm häkeln, dann abwechselnd **[4 Stäb und 4 re Ma]**, mit 1 Rand-Ma enden.
4. R: Mit Farbe 2 abmaschen, die letzte Ma mit Farbe 1.
Reihe 1 bis 4 wiederholen.

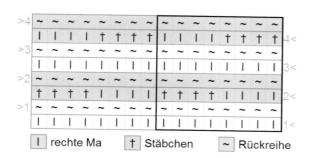

| I rechte Ma | † Stäbchen | ~ Rückreihe |

Muschelwellen . . . .

Für eine Muschel werden jeweils fünf Stäbchen in dieselbe Ma gehäkelt. Vor und nach der Stäbchenmuschel jeweils zwei Ma frei lassen. Das Gewebe wird stabiler, wenn bei allen Ma gleichzeitig ins vordere und obere MaGl eingestochen wird (wie beim Muster 12). Wenn die Reihe mit einem Stäbchen beginnt oder endet, die entsprechende Randmasche um eine Luftmasche erhöhen. Die Garnfarbe am rechten Rand wechseln. Eine Ma-Zahl teilbar durch acht und drei Ma extra anschlagen.

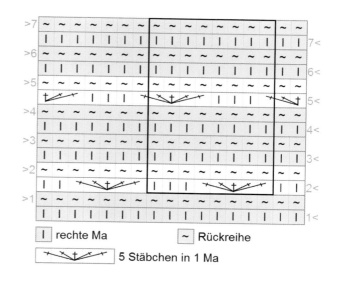

| I rechte Ma | ~ Rückreihe |
| 5 Stäbchen in 1 Ma |

1. H: Mit Farbe die Grundreihe mit einer Ma-Zahl teilbar durch 8 und 3 Ma extra, inklusive der beiden Rand-Ma, häkeln.

1. R: Mit Farbe 1 abmaschen, die letzte Ma mit Farbe 2.

2. H: Mit Farbe 2 mit 2 re Ma beginnen, dann im Mustersatz häkeln **[2 Ma übergehen, 5 Stäb in dieselbe Ma, 2 Ma übergehen, 3 re Ma]**, mit nur 2 re Ma und 1 Rand-Ma enden.

2. R: Mit Farbe 2 abmaschen, die letzte Ma mit Farbe 1.

3. H: Mit Farbe 1 **[re Ma ins vordere und obere MaGl]** häkeln, mit 1 Rand-Ma enden.

3. R: Mit Farbe 1 abmaschen, die letzte Ma mit Farbe 3.

4. H: Mit Farbe 3 wie Reihe 3 häkeln.

4. R: Mit Farbe 3 abmaschen, die letzte Ma mit Farbe 2.

5. H: Mit Farbe 2 mit 1 Lm und 3 Stäb in die erste Ma beginnen, 2 Ma übergehen, dann im Mustersatz **[3 re Ma, 2 Ma übergehen, 5 Stäb in dieselbe Ma, 2 Ma übergehen]** fortfahren, die letzte Muschel hat nur 3 Stäb, mit 1 vläng Rand-Ma enden.

5. R: Mit Farbe 2 abmaschen, die letzte Ma mit Farbe 3.

6. H: Mit Farbe 3 wie Reihe 3 häkeln.

6. R: Mit Farbe 3 abmaschen, die letzte Ma mit Farbe 1.

7. H: Mit Farbe 1 **[re Ma ins vordere und obere MaGl]** häkeln, mit 1 Rand-Ma enden.

7. R: Mit Farbe 1 abmaschen, die letzte Ma mit Farbe 2.
Reihe 2 bis 7 wiederholen.

Strickbundrippen . . . .

Die breiten Rippen entstehen aus Strickstich-Ma (zwischen die "Beine") und linken Ma ins vordere MaGl. Die Garnfarbe am linken Rand wechseln, dabei vor der Rückreihe die Wende-Lm schon mit der neuen Farbe häkeln. Es wird eine Maschenzahl teilbar durch sechs und zwei Rand-Ma angeschlagen.

1. H: Mit Farbe 1 die Grundreihe mit einer Ma-Zahl teilbar durch 6 und 2 Rand-Ma häkeln.

1. R: Mit Farbe 2 abmaschen.

2. H: Mit Farbe 2 abwechselnd **[3 Strickstich-Ma und 3 linke Ma]** häkeln, mit 1 Rand-Ma enden.

2. R: Mit Farbe 1 abmaschen.

3. H: Mit Farbe 1 wie Reihe 2 häkeln.

3. R: Mit Farbe 2 abmaschen.
Reihe 2 und 3 wiederholen.

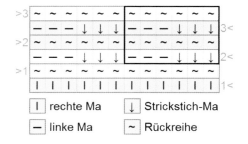

I rechte Ma	↓ Strickstich-Ma
— linke Ma	~ Rückreihe

Doppelt Abgehoben . . . .

2 Ma abheben
2 re Ma

Ein interessanter Karoeffekt entsteht, wenn Maschen ungehäkelt auf die Nadel gehoben werden (vorderes MaGl). Da das Gewebe recht stabil wird, besser einen größeren Häkelhaken nehmen. Eine Ma-Zahl teilbar durch vier und zwei Rand-Ma anschlagen.

1. H: Mit Farbe 1 die Grundreihe mit einer Ma-Zahl teilbar durch 4 und 2 Rand-Ma häkeln.
1. R: Mit Farbe 1 abmaschen, die letzte Ma mit Farbe 2.
2. H: Mit Farbe 2 abwechselnd **[2 re Ma und 2 Ma abheben]** häkeln, mit 1 Rand-Ma enden.
2. R: Mit Farbe 2 abmaschen, die letzte Ma mit Farbe 1.
3. H: Mit Farbe 1 abwechselnd **[2 Ma abheben und 2 re Ma]** häkeln, enden mit 1 Rand-Ma. MaGl in der gleichen Farbe des Arbeitsfadens sind zu häkeln, die der anderen Farbe abzuheben. Die Abhebe-Ma sind zur Vorreihe versetzt.
3. R: Mit Farbe 1 arbeiten, die letzte Ma mit Farbe 2. Reihe 2 und 3 wiederholen.

I	rechte Ma
v	vord. MaGl abheben
~	Rückreihe

Pepita Abhebemuster. . . .

Für das Pepitamuster werden abgehobene Ma und linke Ma kombiniert, dabei immer ins vordere MaGl einstechen.
Eine gerade Ma-Zahl anschlagen.

1. H: Mit Farbe 1 die Grundreihe mit gerader Ma-Zahl häkeln und die Rückreihe abmaschen.
2. H: Mit Farbe 2 abwechselnd **[1 re Ma und 1 li Ma]** häkeln, enden mit 1 Rand-Ma.
2. R: Mit Farbe 2 alle Schlingen wie gewohnt abmaschen, die letzte Ma mit Farbe 1.
3. H: Mit Farbe 1 abwechselnd **[1 li Ma und 1 Ma abheben]** häkeln, mit 1 Rand-Ma enden. Die linken Ma der Vorreihe werden nur abgehoben.
3. R: Mit Farbe 1 abmaschen, die letzte Ma mit Farbe 2.
4. H: Mit Farbe 2 abwechselnd **[1 Ma abheben und 1 li Ma]** häkeln. Es werden jeweils die linken Ma der Vorreihe abgehoben.
4. R: Mit Farbe 2 abmaschen, die letzte Ma mit Farbe 1. Reihe 3 und 4 wiederholen.

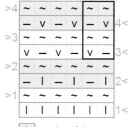

I	rechte Ma
—	linke Ma
v	vord. MaGl abheben
~	Rückreihe

Karo Abhebemuster . . . . .

A Farbwechsel links   B Farbwechsel rechts

Für das Karomuster wechseln sich Reihen aus rechten und linken Ma mit Reihen aus abgehobenen Ma und linken Ma ab. Es werden jeweils nur die vorderen MaGl verwendet.
Für Variante A ist die Garnfarbe jeweils vor der Rückreihe zu wechseln, für B vor der Hinreihe.
Eine gerade Maschenzahl anschlagen.

A

1. H: Mit Farbe 1 die Grundreihe mit einer geraden Ma-Zahl häkeln.
1. R: Mit Farbe 2 abmaschen.
2. H: Mit Farbe 2 abwechselnd **[1 re Ma und 1 li Ma]** häkeln, mit 1 Rand-Ma enden.
2. R: Mit Farbe 1 abmaschen.
3. H: Mit Farbe 1 abwechselnd **[1 li Ma und 1 Ma abheben]** häkeln, mit einer Rand-Ma enden. Es werden die linken Ma der Vorreihe abgehoben.
3. R: Mit Farbe 2 abmaschen.
Reihe 2 und 3 wiederholen.

B

1. H: Mit Farbe 1 die Grundreihe mit einer geraden Ma-Zahl häkeln.
1. R: Mit Farbe 1 abmaschen, die letzte Ma mit Farbe 2.
2. H: Mit Farbe 2 abwechselnd **[1 re Ma und 1 li Ma]** häkeln, mit 1 Rand-Ma enden.
2. R: Mit Farbe 2 abmaschen, die letzte Ma mit Farbe 2.
3. H: Mit Farbe 1 abwechselnd **[1 li Ma und 1 Ma abheben]** häkeln, mit 1 Rand-Ma enden. Es werden die linken Ma der Vorreihe abgehoben.
3. R: Mit Farbe 1 abmaschen, die letzte Ma mit Farbe 1.
Reihe 2 und 3 wiederholen.

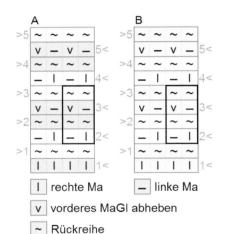

| I | rechte Ma | — | linke Ma |

| v | vorderes MaGl abheben |

| ~ | Rückreihe |

Kreuzrippen . . . .

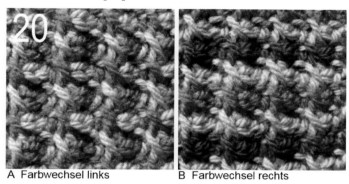

A Farbwechsel links   B Farbwechsel rechts

Um die Kreuzrippen zu häkeln, sind jeweils zwei Ma zu verkreuzen, d. h. zuerst die zweite Ma häkeln, dann die erste. Es wird im vorderen MaGl eingestochen.

A

Ein karierter Effekt entsteht, wenn die Garnfarbe nach jeder Hinreihe am linken Rand gewechselt wird.

B

Für Streifen die Garnfarbe nach der Rückreihe am rechten Rand wechseln.

Eine gerade Maschenzahl anschlagen.

A

1. H: Mit Farbe 1 eine Grundreihe mit einer geraden Ma-Zahl häkeln.

1. R: Mit Farbe 2 abmaschen.

2. H: Mit Farbe 2 eine Reihe **[2 verkreuzte Ma]** häkeln, mit 1 Rand-Ma enden.

2. R: Mit Farbe 1 abmaschen.

3. H: Mit Farbe 1 eine Reihe **[2 verkreuzte Ma]** häkeln, mit 1 Rand-Ma enden.

3. R: Mit Farbe 2 abmaschen.

Reihe 2 und 3 wiederholen.

B

1. H: Mit Farbe 1 eine Grundreihe mit einer geraden Ma-Zahl häkeln.

1. R: Mit Farbe 1 abmaschen, die letzte Ma mit Farbe 2.

2. H: Mit Farbe 2 eine Reihe **[2 verkreuzte Ma]** häkeln, mit 1 Rand-Ma enden.

2. R: Mit Farbe 2 abmaschen, die letzte Ma mit Farbe 1.

3. H: Mit Farbe 1 eine Reihe **[2 verkreuzte Ma]** häkeln, mit 1 Rand-Ma enden.

3. R: Mit Farbe 1 abmaschen, die letzte Ma mit Farbe 2.

Reihe 2 und 3 wiederholen.

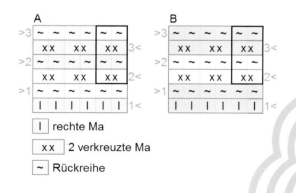

I	rechte Ma
x x	2 verkreuzte Ma
~	Rückreihe

Kreuzreihen Streifen . . . . .

Hier wechseln sich Reihen von rechten Ma mit verkreuzten Ma ab, alle ins vordere MaGl. Um zwei Ma zu verkreuzen, übergeht man die erste Ma, häkelt die zweite Ma und dann die übergangene. Die Garnfarbe am linken Rand wechseln. Eine gerade Ma-Zahl anschlagen.

1. H: Mit Farbe 1 **rechte** Ma und 1 Rand-Ma häkeln.
Die Grundreihe mit einer geraden Ma-Zahl arbeiten.
1. R: Mit Farbe 2 abmaschen.
2. H: Mit Farbe 2 eine Reihe [**2 verkreuzte Ma**] häkeln, mit 1 Rand-Ma enden.
2. R: Mit Farbe 2 abmaschen.
3. H: Mit Farbe 2 **rechte** Ma und 1 Rand-Ma häkeln.
3. R: Mit Farbe 1 abmaschen.
4. H: Mit Farbe 1 eine Reihe [**2 verkreuzte Ma**] häkeln, mit 1 Rand-Ma enden.
4. R: Mit Farbe 1 häkeln.
Reihe 1 bis 4 wiederholen.

I	rechte Ma
x x	2 verkreuzte Ma
~	Rückreihe

Backslashmuster . . . .

A Farbwechsel links   B Farbwechsel rechts

Nach links laufende Streifen entstehen durch linke und verkreuzte Ma, die jede Reihe um eins versetzt liegen. Für alle Ma ins vordere MaGl einstechen. Ab Reihe 2 ist die erste gehäkelte Ma der beiden zu verkreuzenden Ma immer eine linke Ma der Vorreihe. Für Variante A die Garnfarbe links wechseln, für Variante B rechts. Die Ma-Zahl ist teilbar durch drei und zwei Rand-Ma.

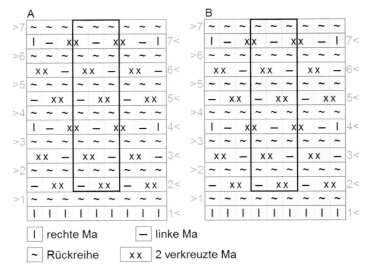

I	rechte Ma		—	linke Ma
~	Rückreihe		x x	2 verkreuzte Ma

A

1. H: Mit Farbe 1 die Grundreihe mit einer Ma-Zahl teilbar durch 3 und 2 Rand-Ma häkeln.
1. R: Mit Farbe 2 abmaschen.
2. H: Mit Farbe 2 abwechselnd **[2 verkreuzte Ma und 1 li Ma]** häkeln, mit 1 Rand-Ma enden.
2. R: Mit Farbe 1 abmaschen.
3. H: Mit Farbe 1 mit 1 li Ma beginnen, weiter **[2 verkreuzte Ma und 1 li Ma]** häkeln, mit 2 verkreuzten Ma und 1 Rand-Ma enden.
3. R: Mit Farbe 2 abmaschen.
4. H: Mit Farbe 2 mit 1 re Ma und 1 li Ma beginnen, weiter im Mustersatz häkeln. Die Reihe endet mit 1 li Ma, 1 re Ma und 1 Rand-Ma.
4. R: Mit Farbe 1 abmaschen.
Reihe 2 bis 4 wiederholen, dabei die Farben laut dem Schema wechseln.

B

1. H: Mit Farbe 1 die Grundreihe mit einer Ma-Zahl teilbar durch 3 und 2 Rand-Ma häkeln.
1. R: Mit Farbe 1 abmaschen, die letze Ma mit Farbe 2.
2. H: Mit Farbe 2 abwechselnd **[2 verkreuzte Ma und 1 li Ma]** häkeln, mit 1 Rand-Ma enden.
2. R: Mit Farbe 2 abmaschen, die letze Ma mit Farbe 1.
3. H: Mit Farbe 1 mit 1 li Ma beginnen, weiter **[2 verkreuzte Ma und 1 li Ma]** häkeln, mit 2 verkreuzten Ma und 1 Rand-Ma enden.
3. R: Mit Farbe 1 abmaschen, die letze Ma mit Farbe 2.
4. H: Mit Farbe 2 mit 1 re Ma und 1 li Ma beginnen, weiter im Mustersatz häkeln. Die Reihe endet mit 1 li Ma, 1 re Ma und 1 Rand-Ma.
4. R: Mit Farbe 2 abmaschen.
Reihe 2 bis 4 wiederholen, dabei die Farben laut Schema wechseln.

Regenbogenstreifen . . . .

Rechte Ma ins vordere MaGl und Knötchen-Ma ins hintere MaGl ergeben diese strukturierten Streifen. Die Zahl pro Maschenblock kann beliebig gewählt werden, im Beispiel sind es vier Ma. Man häkelt abwechselnd eine Reihe in der Hauptfarbe und eine Reihe in einer anderen Farbe. Die Garnfarbe wird am linken Rand nach der Hinreihe gewechselt. Eine Ma-Zahl teilbar durch acht und sechs Ma extra anschlagen.

1. H: Mit Farbe 1 die Grundreihe mit einer Ma-Zahl teilbar durch 8 und 6 Ma extra, inklusive der Rand-Ma, arbeiten.
1. R: Mit Farbe 1 häkeln.
2. H: Mit Farbe 1 je **[4 re Ma und 4 Knötchen-Ma]** häkeln, mit 4 re Ma und 1 Rand-Ma enden.
2. R: Mit Farbe 2 häkeln.
3. H: Mit Farbe 2 wie Reihe 2 arbeiten.
3. R: Mit Farbe 1 häkeln.
Reihe 2 und 3 wiederholen, dabei die Farben laut Schema wechseln.

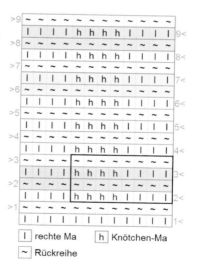

| | rechte Ma | h | Knötchen-Ma |
| ~ | Rückreihe | | |

Knötchenspektrum . . . . .

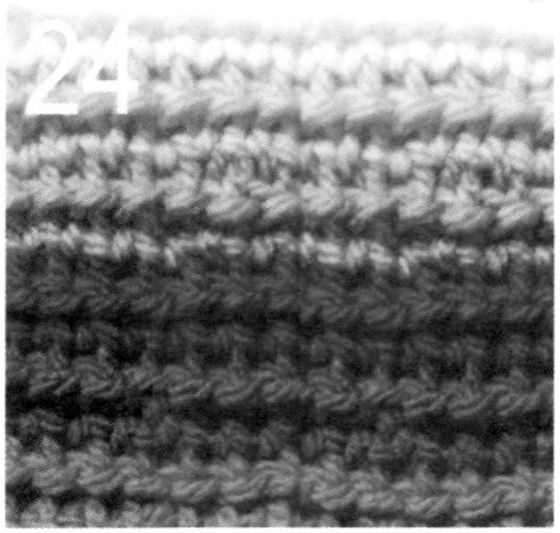

Das Muster entsteht aus verlängerten Knötchen-Ma, also Knötchen-Ma (hinteres MaGl) die mit je einer Luftmasche verlängert werden. Auch die Rand-Ma an beiden Seiten mit einer Lm in der Höhe angleichen. Die Garnfarbe am rechten Rand wechseln. Die Ma-Zahl kann beliebig gewählt werden.

1. H: Mit Farbe 1 die Grundreihe häkeln.
1. R: Mit Farbe 1 abmaschen, die letzte Ma mit Farbe 2.
2. H: Mit Farbe 2 mit einer Lm beginnen, dann **vläng Knötchen-Ma** häkeln, mit 1 vläng Rand-Ma enden.
2. R: Mit Farbe 2 abmaschen, die letzte Ma mit Farbe 1.
3. H: Mit Farbe 1 wie Reihe 1 arbeiten.
3. R: Mit Farbe 1 abmaschen, die letzte Ma mit Farbe 2.
Reihen 2 und 3 wiederholen, dabei nach der Rückreihe beliebig die Farbe wechseln.

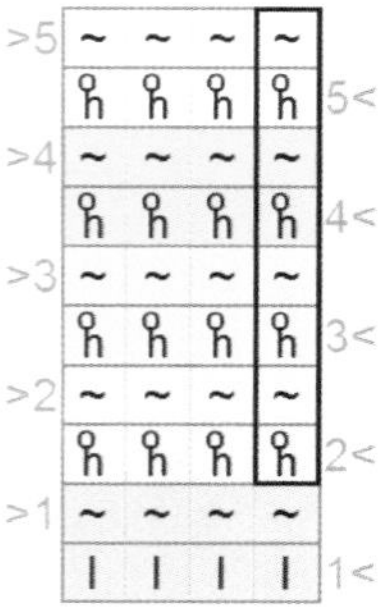

I rechte Ma
vläng Knötchen-Ma
~ Rückreihe

Breite Knötchenstreifen . .

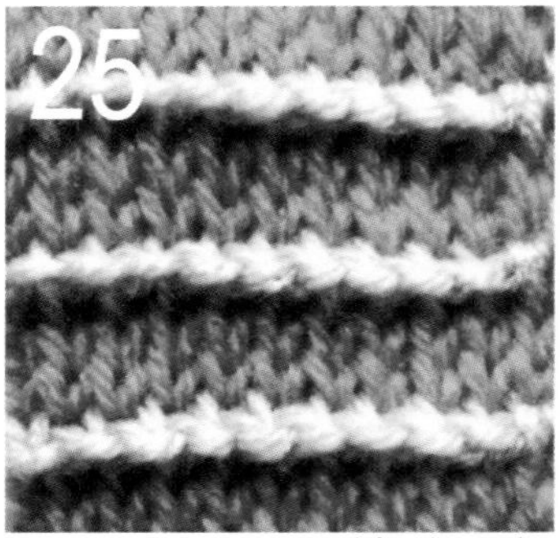

Vorderseite

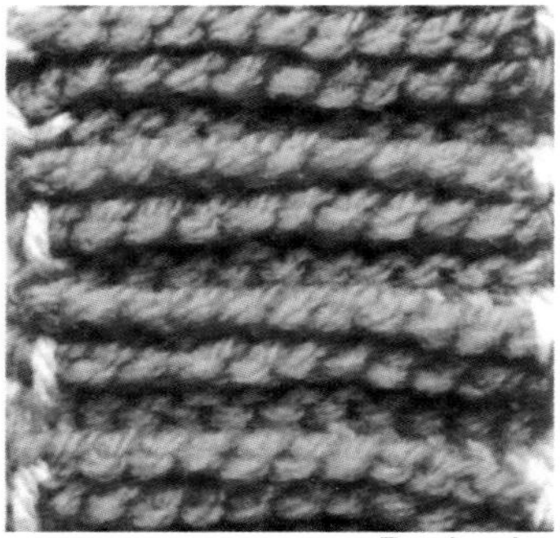

Rückseite

Um diese Reliefstreifen zu bilden, wechseln sich Reihen von Knötchen-Ma mit Strickstichen in bestimmter Farbfolge ab. Das rechte Bild zeigt die strukturierte Rückseite. Für die Strickstich-Ma wird der Häkelhaken zwischen die "Beine" der Ma eingestochen, für die Knötchen-Ma ins hintere MaGl. Der Farbwechsel erfolgt jeweils am rechten Rand.

1. H: Mit Farbe 1 die Grundreihe häkeln.
1. R: Mit Farbe 1 abmaschen, die letzte Ma mit Farbe 2.
2. H: Mit Farbe 2 **Knötchen-Ma** häkeln, mit 1 Rand-Ma enden.
2. R: Mit Farbe 2 abmaschen.
3. H: Mit Farbe 2 **Strickstich-Ma** häkeln, mit 1 Rand-Ma enden.
3. R: Mit Farbe 2 abmaschen, die letzte Ma mit Farbe 1.
4. H: Mit Farbe 1 **Strickstich-Ma** häkeln, mit 1 Rand-Ma enden.
4. R: Mit Farbe 1 abmaschen, die letzte Ma mit Farbe 2.
Reihe 2 bis 4 wiederholen.

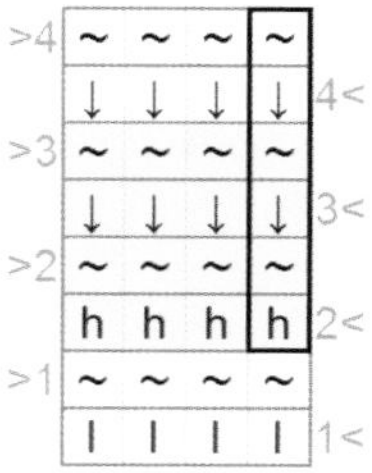

I rechte Ma
h Knötchen-Ma
↓ Strickstich-Ma
~ Rückreihe

Melierte Knötchen . . . . . .

Vorderseite   Rückseite

Diese marmorierten Reliefstreifen entstehen aus Reihen von Knötchen-Ma und Strickstich-Ma. Das rechte Bild zeigt die strukturierte Rückseite. Die Farbe am linken Rand wechseln, dabei die Wende-Lm schon mit der neuen Farbe häkeln.

1. H: Mit Farbe 1 die Grundreihe häkeln.
1. R: Mit Farbe 2 abmaschen.
2. H: Mit Farbe 2 **Knötchen-Ma** häkeln, mit 1 Rand-Ma enden.
2. R: Mit Farbe 1 abmaschen.
3. H: Mit Farbe 1 **Strickstich-Ma** häkeln, mit 1 Rand-Ma enden.
3. R: Mit Farbe 2 abmaschen.
Reihe 2 und 3 wiederholen

```
>3 ~ ~ ~ | ~ |
   ↓ ↓ ↓ | ↓ | 3<
>2 ~ ~ ~ | ~ |
   h h h | h | 2<
>1 ~ ~ ~ | ~ |
   | | | | | | 1<
```

I	rechte Ma
h	Knötchen-Ma
↓	Strickstich-Ma
~	Rückreihe

Knötchenstäbchen . . . . . .

Hier wechseln sich Reihen im Grundstich mit Reihen von Knötchen-Stäbchen ab, das sind Stäbchen ins hintere MaGl. Die Garnfarbe am rechten Rand wechseln. In Stäbchenreihen auch die Rand-Ma mit mit einer Lm verlängern.

1. H: Mit Farbe 1 **rechte** Ma häkeln, enden mit 1 Rand-Ma. Die erste Reihe entspricht der Grundreihe.
1. R: Mit Farbe 1 abmaschen, die letzte Ma mit Farbe 2.
2. H: Mit Farbe 2 mit 1 Lm beginnen, dann **Stäb ins hint. MaGl** häkeln, mit 1 vläng Rand-Ma enden.
2. R: Mit Farbe 2 abmaschen, die letzte Ma mit Farbe 1.
3. H: Mit Farbe 1 wie Reihe 1 häkeln.
3. R: Mit Farbe 1 abmaschen, die letzte Ma mit Farbe 3.
4. H: Mit Farbe 3 wie Reihe 2 häkeln.
4. R: Mit Farbe 3 abmaschen, die letzte Ma mit Farbe 1.
5. H: Mit Farbe 1 wie Reihe 1 häkeln.
5. R: Mit Farbe 1 abmaschen, die letzte Ma mit Farbe 4.
6. H: Mit Farbe 4 wie Reihe 2 häkeln.
6. R: Mit Farbe 4 abmaschen, die letzte Ma mit Farbe 1.
Reihe 1 bis 6 wiederholen.

```
>6 ~ ~ ~ | ~ |
   ħ ħ ħ | ħ | 6<
>5 ~ ~ ~ | ~ |
   | | | | | | 5<
>4 ~ ~ ~ | ~ |
   ħ ħ ħ | ħ | 4<
>3 ~ ~ ~ | ~ |
   | | | | | | 3<
>2 ~ ~ ~ | ~ |
   ħ ħ ħ | ħ | 2<
>1 ~ ~ ~ | ~ |
   | | | | | | 1<
```

I	rechte Ma
ħ	Stäbchen, hint. MaGl
~	Rückreihe

Strukturwellen . . . .

Es wechseln sich Reihen im Grundmuster mit Musterreihen ab. In den Musterreihen wie bei Knötchen-Ma immer ins hintere MaGl einstechen, auch für die Stäbchen! Wenn eine Reihe mit einem Stäbchen beginnt oder endet, die entsprechende Randmasche mit einer Luftmasche verlängern. Die Garnfarbe am rechten Rand wechseln. Eine Ma-Zahl teilbar durch sechs und zwei Rand-Ma anschlagen.

1. H: Mit Farbe 1 eine Grundreihe mit einer Ma-Zahl teilbar durch 6 und 2 Rand-Ma häkeln, z. B. 20 Ma.
1. R: Mit Farbe 1 abmaschen, die letzte Ma mit Farbe 2.
2. H: Mit Farbe 2 abwechselnd **[3 Knötchen-Ma und 3 Knötchen-Stäb]** häkeln, mit 1 vläng Rand-Ma enden.
2. R: Mit Farbe 2 abmaschen, die letzte Ma mit Farbe 1.
3. H: Mit Farbe 1 **rechte** Ma häkeln.
3. R: Mit Farbe 1 abmaschen, die letzte Ma mit Farbe 2.
4. H: Mit Farbe 2 mit 1 Lm beginnen, dann weiter **[3 Knötchen-Stäb und 3 Knötchen-Ma]** häkeln, enden mit 1 Rand-Ma.
Die Stäbchen liegen zu den vorigen versetzt.
4. R: Mit Farbe 2 abmaschen, die letzte Ma mit Farbe 1. Reihe 1 bis 4 wiederholen.

	~	~	⌐	⌐	⌐	⌐	~	~	~	~	~	~	
>4	h	h	h	ħ	ħ	ħ	h	h	h	ħ	ħ	ħ	4<
>3	~	~	⌐	⌐	⌐	⌐	~	~	~	~	~	~	
	I	I	I	I	I	I	I	I	I	I	I	I	3<
>2	~	~	⌐	⌐	⌐	⌐	~	~	~	~	~	~	
	ħ	ħ	ħ	h	h	h	ħ	ħ	ħ	h	h	h	2<
>1	~	~	⌐	⌐	⌐	⌐	~	~	~	~	~	~	
	I	I	I	I	I	I	I	I	I	I	I	I	1<

h	Knötchen-Ma	I	rechte Ma
ħ	Knötchen-Stäbchen	~	Rückreihe

Herzschlag . . . .

Für das Muster werden abwechselnd Strickstich-Maschen (zwischen die "Beine") und Knötchen-Maschen ins hintere MaGl gehäkelt. Die Farbe am rechten Rand auswechseln. Eine gerade Ma-Zahl anschlagen.

1. H: Mit Farbe 1 eine Grundreihe mit einer geraden Ma-Zahl häkeln.
1. R: Mit Farbe 1 abmaschen, die letzte Ma mit Farbe 2.
2. H: Mit Farbe 2 abwechselnd **[1 Strickstich-Ma und 1 Knötchen-Ma]** häkeln, mit 1 Rand-Ma enden.
2. R: Mit Farbe 2 abmaschen, die letzte Ma mit Farbe 1.
3. H: Mit Farbe 1 wie Reihe 2 häkeln.
3. R: Mit Farbe 1 abmaschen, die letzte Ma mit Farbe 2.
Reihe 2 und 3 wiederholen.

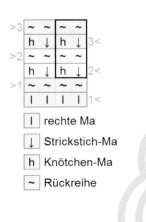

>3	~	~	~	~	
	h	↓	h	↓	3<
>2	~	~	~	~	
	h	↓	h	↓	2<
>1	~	~	~	~	
	I	I	I	I	1<

I	rechte Ma
↓	Strickstich-Ma
h	Knötchen-Ma
~	Rückreihe

Pfeffer und Salz . . . .

Dieses Muster wird stark meliert durch abwechselnd linke Ma ins vordere MaGl und Knötchen-Ma ins hintere MaGl. Eine gerade Ma-Zahl anschlagen.

1. H: Mit Farbe 1 eine Grundreihe mit gerader Ma-Zahl häkeln.
1. R: Mit Farbe 2 abmaschen.
2. H: Mit Farbe 2 je **[1 Knötchen-Ma und 1 linke Ma]** häkeln, mit 1 Rand-Ma enden.
2. R: Mit Farbe 1 abmaschen.
3. H: Mit Farbe 1 wie Reihe 2.
3. R: Mit Farbe 3 abmaschen.
4. H: Mit Farbe 3 wie Reihe 2.
4. R: Mit Farbe 1 abmaschen.
5. H: Mit Farbe 1 wie Reihe 2 häkeln.
5. R: Mit Farbe 2 abmaschen.
Reihe 2 bis 5 wiederholen.

	I	rechte Ma
-	linke Ma
h	Knötchen-Ma
~	Rückreihe

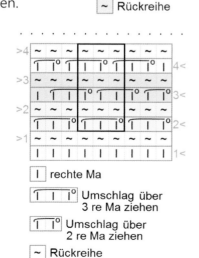

I	rechte Ma
ꓑ I꓃°	Umschlag über 3 re Ma ziehen
ꓑ I°	Umschlag über 2 re Ma ziehen
~	Rückreihe

Überzugstreifen . . . .

Für diese strukturierten Streifen werden Überzugmaschen gearbeitet. Dazu legt man einen Umschlag wie zum Häkeln von Stäbchen um die Nadel, häkelt die nächsten drei Ma (vorderes MaGl) und zieht den Umschlag über diese drei Ma. Die Garnfarbe am rechten Rand wechseln. Eine Ma-Zahl teilbar durch drei und zwei Rand-Ma anschlagen.

1. H: Mit Farbe 1 die Grundreihe mit einer Ma-Zahl teilbar durch 3 und 2 Rand-Ma häkeln, z. B. 17 Ma.
1. R: Mit Farbe 1 abmaschen.
2. H: Mit Farbe 2 eine Reihe **[1 Umschlag, 3 re Ma und den Umschlag überziehen]**, mit 1 Rand-Ma enden.
2. R: Mit Farbe 2 abmaschen, die letzte Ma mit Farbe 3.
3. H: Mit Farbe 3 beginnen mit 1 Umschlag, zwei re Ma und den Umschlag über die beiden Ma ziehen. Dann im Mustersatz von Reihe 2 weiterhäkeln, mit 1 re Ma und 1 Rand-Ma enden. Die Überzug-Ma liegen zur Vorreihe um eins nach rechts versetzt.
3. R: Mit Farbe 3 abmaschen, die letzte Ma mit Farbe 1.
4. H: Mit Farbe 1 mit 1 re Ma beginnen, dann im Mustersatz von Reihe 2 weiterarbeiten, mit 2 Überzug-Ma und 1 Rand-Ma enden. Die Überzug-Ma liegen zur Vorreihe um eins nach rechts versetzt.
4. R: Mit Farbe 1 abmaschen, die letzte Ma mit Farbe 2.
Reihe 2 bis 4 wiederholen.
<<< Häkelschema siehe links.

Überzug Grundmuster...

Bei diesem Muster werden abwechselnd eine Grundreihe und eine Reihe von Überzugmaschen gearbeitet. Für die Überzug-Ma legt man einen Umschlag um die Nadel, häkelt die nächsten drei Ma (vorderes MaGl) und zieht den Umschlag über die drei Ma. Die Garnfarbe am linken Rand wechseln. Eine Ma-Zahl teilbar durch drei und zwei Randmaschen anschlagen.

1. H: Mit Farbe 1 die Grundreihe mit einer Ma-Zahl teilbar durch 3 und 2 Rand-Ma häkeln, z. B. 17 Ma.
1. R: Mit Farbe 2 abmaschen.
2. H: Mit Farbe 2 je [1 Umschlag, 3 re Ma und den Umschlag überziehen], enden mit 1 Rand-Ma.
2. R: Mit Farbe 1 abmaschen.
3. H: Mit Farbe 1 re Ma häkeln, mit 1 Rand-Ma enden.
3. R: Mit Farbe 2 abmaschen.
Reihe 2 und 3 wiederholen.

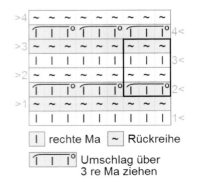

| rechte Ma | ~ Rückreihe |

Umschlag über 3 re Ma ziehen

Tricolor Überzug.......

Dieses Streifenmuster wird aus Überzug-Ma gearbeitet. Dazu einen Umschlag formen, die folgenden zwei Ma rechts (vorderes MaGl) häkeln und den Umschlag über die beiden Ma ziehen. Die Farbe am linken Rand wechseln. Eine gerade Ma-Zahl anschlagen.

1. H: Mit Farbe 1 eine gerade Ma-Zahl häkeln.
1. R: Mit Farbe 2 abmaschen.
2. H: Mit Farbe 2 je [1 Umschlag, 2 re Ma und den Umschlag überziehen], mit 1 Rand-Ma enden.
2. R: Mit Farbe 3 abmaschen.
3. H: Mit Farbe 3 wie Reihe 2 häkeln.
3. R: Mit Farbe 1 abmaschen.
4. H: Mit Farbe 1 wie Reihe 2 häkeln.
4. R: Mit Farbe 2 abmaschen. Reihe 2 bis 4 wiederholen.

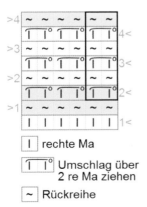

| rechte Ma

Umschlag über 2 re Ma ziehen

~ Rückreihe

Überzugstruktur . . . .

Es wechseln sich Grund-reihen mit Reihen von Überzug-Ma ab. Für die Überzug-Ma einen Revers-Umschlag (von hinten, siehe S. 9) um die Nadel legen, die nächsten zwei Ma im vorderen MaGl häkeln und den Umschlag über die zwei Ma ziehen. Die Farbe am linken Rand wechseln. Eine gerade Ma-Zahl anschlagen.

1. H: Mit Farbe 1 die Grundreihe mit einer geraden Ma-Zahl häkeln.
1. R: Mit Farbe 2 abmaschen.
2. H: Mit Farbe 2 je **[1 Revers-Umschlag, 2 re Ma und den Umschlag überziehen]**, mit 1 Rand-Ma enden.
2. R: Mit Farbe 1 abmaschen.
3. H: Mit Farbe 1 **re Ma** und 1 Rand-Ma häkeln.
3. R: Mit Farbe 2 abmaschen.
Reihe 2 und 3 wiederholen.

Längs oder Quer . . . .

A Farbwechsel links   B Farbwechsel rechts

Die Längs- oder Querstreifen werden aus rechten Ma und Drehmaschen (siehe S. 8) gearbeitet. Um eine Drehmasche zu häkeln, von links nach rechts in das vordere MaGl einstechen und eine Schlinge holen.
A Für Längsstreifen die Garnfarbe links wechseln.
B Für Querstreifen die Garnfarbe rechts wechseln.
Eine gerade Ma-Zahl anschlagen.

A Längs
1. H: Mit Farbe 1 eine gerade Ma-Zahl häkeln.
1. R: Mit Farbe 2 abmaschen.
2. H: Mit Farbe 2 abwechselnd **[1 re Ma und 1 Dreh-Ma]** häkeln, mit 1 Rand-Ma enden.
2. R: Mit Farbe 1 abmaschen.
3. H: Mit Farbe 1 abwechselnd **[1 Dreh-Ma und 1 re Ma]** häkeln, mit 1 Rand-Ma enden.
3. R: Mit Farbe 2 abmaschen.
Reihe 2 und 3 wiederholen.

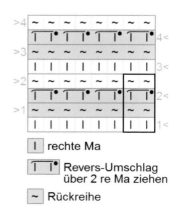

I	rechte Ma
Ī Ī•	Revers-Umschlag über 2 re Ma ziehen
~	Rückreihe

B Quer

1. H: Mit Farbe 1 eine gerade Ma-Zahl häkeln.

1. R: Mit Farbe 1 abmaschen.

2. H: Mit Farbe 2 abwechselnd [1 re Ma und 1 Dreh-Ma] häkeln, mit 1 Rand-Ma enden.

2. R: Mit Farbe 2 abmaschen, die letzte Ma mit Farbe 1.

3. H: Mit Farbe 1 abwechselnd [1 Dreh-Ma und 1 re Ma] häkeln, mit 1 Rand-Ma enden.

3. R: Mit Farbe 1 abmaschen, die letzte Ma mit Farbe 2.
Reihe 2 und 3 wiederholen.

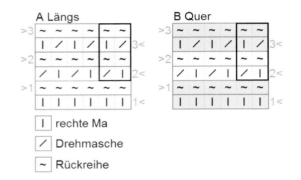

| | rechte Ma
/ Drehmasche
~ Rückreihe

Afrikamuster . . . .

Dieses Streifenmuster häkelt man aus rechten Ma und Drehmaschen, jeweils paarweise versetzt. Für eine Dreh-Ma den Haken von links nach rechts ins vordere MaGl einstechen, um eine Schlinge zu holen.
Eine Ma-Zahl teilbar durch vier und zwei Rand-Ma anschlagen.

1. H: Mit Farbe 1 die Grundreihe mit einer Ma-Zahl teilbar durch 4 und 2 Rand-Ma häkeln.

1. R: Mit Farbe 2 abmaschen.

2. H: Mit Farbe 2 jeweils [2 re Ma und 2 Dreh-Ma] häkeln, mit 1 Rand-Ma enden.

2. R: Mit Farbe 1 abmaschen.

3. H: Mit Farbe 1 jeweils [2 Dreh-Ma und 2 re Ma] häkeln, mit 1 Rand-Ma enden.

3. R: Mit Farbe 2 abmaschen.
Reihe 2 und 3 wiederholen.

| | rechte Ma
/ Drehmasche
~ Rückreihe

Indianermuster . . . .

Es wechseln sich rechte Ma mit Drehmaschen ab. Für eine Drehmasche den Haken von links nach rechts ins vordere MaGl einstechen. Eine Ma-Zahl teilbar durch vier und zwei Rand-Ma anschlagen.

1. H: Mit Farbe 1 die Grundreihe mit einer Ma-Zahl teilbar durch 4 und 2 Rand-Ma häkeln, z. B. 18 Ma.
1. R: Mit Farbe 2 abmaschen.
2. H: Mit Farbe 2 je **[2 re Ma und 2 Dreh-Ma]** häkeln, mit 1 Rand-Ma enden.
2. R: Mit Farbe 1 häkeln.
3. H: Mit Farbe 1 wie Reihe 2 arbeiten.
3. R: Mit Farbe 2 häkeln.
4. H: Mit Farbe 2 wie Reihe 2 arbeiten.
4. R: Mit Farbe 3 häkeln.
5. H: Mit Farbe 3 **[2 Dreh-Ma und 2 re Ma]** häkeln, mit 1 Rand-Ma enden.
5. R: Mit Farbe 2 häkeln.
6. H: Mit Farbe 2 wie Reihe 4 arbeiten.
6. R: Mit Farbe 3 häkeln.
7. H: Mit Farbe 3 wie Reihe 4 arbeiten.
7. R: Mit Farbe 1 häkeln.
Weiter siehe rechts. > > >

| | rechte Ma
/ | Drehmasche
~ | Rückreihe

Linksmaschenrippen . . . .

Diese Rippenstruktur entsteht durch linke Ma und linke Drehmaschen. Um eine linke Drehmasche zu arbeiten, den Arbeitsfaden nach vorne legen, in das vordere MaGl von oben links nach unten rechts einstechen und eine linke Ma häkeln. Die Struktur kommt besser zur Geltung, wenn locker gearbeitet wird. Die Garnfarbe am linken Rand wechseln. Eine gerade Maschenzahl anschlagen.

1. H: Mit Farbe 1 eine gerade Ma-Zahl häkeln.
1. R: Mit Farbe 2 abmaschen.
2. H: Mit Farbe 2 je **[1 li Ma und 1 li Dreh-Ma]** häkeln, mit der Rand-Ma enden.
2. R: Mit Farbe 1 abmaschen.
3. H: Mit Farbe 1 wie Reihe 2.
3. R: Mit Farbe 2 abmaschen.
Reihe 2 und 3 wiederholen.

| | rechte Ma
— | linke Ma
➘ | linke Dreh-Ma
~ | Rückreihe

. . . .

> > > Den Mustersatz von Reihe 2 bis 7 wiederholen, dabei die Farben laut Häkelschema wechseln, denn der Farbwechsel wiederholt sich alle 9 Reihen.

Smaragd . . . .

Dieses Muster hat auch einfarbig gearbeitet eine schön strukturierte Oberfläche. Es werden jeweils zwei Ma mit einer verlängerten Masche zusammengehäkelt (vorderes MaGl), dann noch einmal in die beiden gleichen Ma einstechen und eine zweite verlängerte Ma heraushäkeln. Beide Randmaschen jeweils um eine Luftmasche erhöhen. Die Garnfarbe am linken Rand wechseln. Eine gerade Ma-Zahl anschlagen.

1. H: Mit Farbe 1 die Grundreihe mit einer geraden Ma-Zahl häkeln.
1. R: Mit Farbe 2 abmaschen.
2. H: Mit Farbe 2 mit 1 Lm beginnen, weiter **[2 vläng Ma in 2 Ma zus]** häkeln, mit 1 vläng Rand-Ma enden.
2. R: Mit Farbe 1 abmaschen.
3. H: Mit Farbe 1 wie Reihe 2 arbeiten.
3. R: Mit Farbe 2 abmaschen. Reihe 2 und 3 wiederholen.

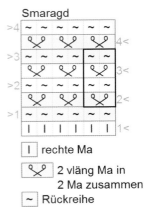

Smaragd

| | | rechte Ma |
| 2 vläng Ma in 2 Ma zusammen |
| ~ | Rückreihe |

Rautenstreifen . . . .

A Farbwechsel links   B Farbwechsel rechts

Für eine Rautenmasche in drei vordere MaGl gleichzeitig einstechen, eine Ma auf die Nadel holen, einen Umschlag bilden und noch einmal dieselben drei Ma einstechen und eine Ma holen. Für Variante A die Garnfarbe am linken Rand wechseln, für Variante B am rechten. Eine Ma-Zahl teilbar durch drei und zwei Rand-Ma anschlagen.

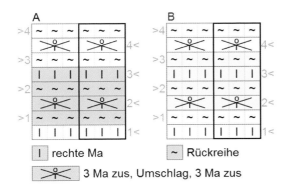

| | | rechte Ma |
| ~ | Rückreihe |
| 3 Ma zus, Umschlag, 3 Ma zus |

A

1. H: Mit Farbe 1 **re Ma** und 1 Rand-Ma häkeln.
Für die Grundreihe eine Ma-Zahl teilbar durch 3 und 2 Rand-Ma häkeln, z. B. 17 Ma.
1. R: Mit Farbe 2 abmaschen.
2. H: Mit Farbe 2 **Rauten-Ma** und 1 Rand-Ma häkeln.
2. R: Mit Farbe 2 abmaschen.
3. H: Mit Farbe 2 **re Ma** und 1 Rand-Ma häkeln.
3. R: Mit Farbe 1 abmaschen.
4. H: Mit Farbe 1 **Rauten-Ma** und 1 Rand-Ma häkeln.
4. R: Mit Farbe 1 abmaschen.
Reihe 1 bis 4 wiederholen.

B

1. H: Mit Farbe 1 **re Ma** und 1 Rand-Ma häkeln.
Für die Grundreihe eine Ma-Zahl teilbar durch 3 und 2 Rand-Ma häkeln, z. B. 17 Ma.
1. R: Mit Farbe 1 abmaschen, die letzte Ma mit Farbe 2.
2. H: Mit Farbe 2 **Rauten-Ma** und 1 Rand-Ma häkeln.
2. R: Mit Farbe 2 abmaschen.
3. H: Mit Farbe 2 **re Ma** und 1 Rand-Ma häkeln.
3. R: Mit Farbe 2 abmaschen, die letzte Ma mit Farbe 1.
4. H: Mit Farbe 1 **Rauten-Ma** und 1 Rand-Ma häkeln.
4. R: Mit Farbe 1 abmaschen.
Reihe 1 bis 4 wiederholen.

Farbige Zacken . . . .

Die Zacken entstehen durch zwei zusammengehäkelte Ma ins vordere MaGl, siehe Pfeil im Bild. Die fehlende Ma wird durch eine rechte Ma ins nächste obere MaGl ergänzt, siehe zuletzt geholte Ma auf der Nadel. Es werden drei MaGl von zwei Ma behäkelt! Die Garnfarbe links wechseln. Eine gerade Ma-Zahl anschlagen.

1. H: Mit Farbe 1 eine Grundreihe mit einer geraden Ma-Zahl häkeln.
1. R: Mit Farbe 2 abmaschen.
2. H: Mit Farbe 2 abwechselnd **[2 Ma zus und 1 re Ma ins obere MaGl]** häkeln, mit 1 Rand-Ma enden.
2. R: Mit Farbe 1 abmaschen.
3. H: Mit Farbe 1 wie Reihe 2 arbeiten.
3. R: Mit Farbe 2 abmaschen.
Reihe 2 und 3 wiederholen.

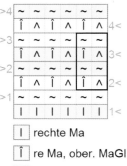

	rechte Ma
↑	re Ma, ober. MaGl
∧	2 Ma zusammen
~	Rückreihe

Fantasia Rippen . . . .

Es wechseln sich Reihen aus linken Ma mit Musterreihen aus zwei zusammengehäkelten Ma ins vordere MaGl und einer rechten Ma ins folgende obere MaGl ab. Es werden drei MaGl von nur zwei Ma behäkelt!

1. H: Mit Farbe 1 die Grundreihe mit gerader Ma-Zahl häkeln.
1. R: Mit Farbe 1 abmaschen.
2. H: Mit Farbe 1 **linke** Ma häkeln, mit 1 Rand-Ma enden.
2. R: Mit Farbe 2 abmaschen.
3. H: Mit Farbe 2 je **[2 Ma zus und 1 re Ma ins obere MaGl]** häkeln, mit 1 Rand-Ma enden.
3. R: Mit Farbe 1 abmaschen.
Reihe 2 und 3 wiederholen.
. . . .

I	rechte Ma
—	linke Ma
∧	2 Ma zusammen
Î	re Ma, ober. MaGl
~	Rückreihe

Bunte Schuppen . . . .

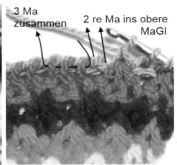

3 Ma zusammen

2 re Ma ins obere MaGl

Für die Schuppen werden drei Ma zusammengehäkelt (vorderes MaGl) und eine Luftmasche daraufgesetzt, um die Schuppe zu schließen. Die zwei fehlenden Ma werden aus den zwischen den Schuppen liegenden oberen MaGl herausgehäkelt, siehe rechtes Bild. Dafür die Fäden etwas zur Seite schieben. Es werden also fünf MaGl von drei Ma behäkelt! Eine Ma-Zahl teilbar durch drei anschlagen.

1. H: Mit Farbe 1 die Grundreihe mit einer Ma-Zahl teilbar durch 3 (inklusive 2 Rand-Ma) häkeln, z. B. 18 Ma.
1. R: Mit Farbe 2 abmaschen.
2. H: Mit Farbe 2 abwechselnd **[2 re Ma ins obere MaGl und 3 Ma zus plus 1 Lm]**, mit nur 1 re Ma ins obere MaGl und 1 Rand-Ma enden.
2. R: Mit Farbe 3 abmaschen.
3. H: Mit Farbe 3 je **[1 re Ma ins obere MaGl, 3 Ma zus plus 1 Lm und 1 re Ma ins obere MaGl]** häkeln, mit 1 re Ma ins obere MaGl und 1 Rand-Ma enden.
3. R: Mit Farbe 4 abmaschen.
Reihe 2 und 3 wiederholen, dabei jeweils nach der Hinreihe die Farbe wechseln.
<<< Häkelschema siehe links.

I	rechte Ma
ჸ	3 Ma zusammen plus 1 Lm
Î	rechte Ma, oberes MaGl
~	Rückreihe

Pfeilmuster . . . .

Die Pfeile entstehen aus Reihen von zusammen-gehäkelten Ma (oberes MaGl) und Revers-Um-schlägen (Umschlag von hinten). Danach folgt eine Reihe im Grund-muster. Die Garnfarbe wird am linken Rand gewechselt. Eine gerade Maschenzahl anschlagen.

1. H: Mit Farbe 1 die Grundreihe mit einer geraden Ma-Zahl häkeln.
1. R: Mit Farbe 2 abmaschen.
2. H: Mit Farbe 2 je **[2 Ma zus und 1 Revers-Umschlag]** häkeln, mit 1 Rand-Ma enden.
2. R: Mit Farbe 1 abmaschen.
3. H: Mit Farbe 1 **rechte** Ma und 1 Rand-Ma häkeln.
3. R: Mit Farbe 2 abmaschen.
Reihe 2 und 3 wiederholen.

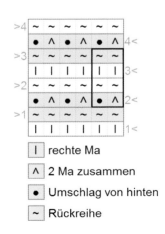

| rechte Ma
∧ 2 Ma zusammen
● Umschlag von hinten
~ Rückreihe

Kettenglieder . . . .

Dieses Muster ist aufgrund der Revers-Umschläge luftig und eher für Kleidung als für Topflappen geeig-net. Für einen Revers-Umschlag die Häkelnadel von hinten kommend um den Faden legen (rechtes Bild) und beim Häkeln mit dem Finger festhalten. Die näch-sten zwei Ma zusammenhäkeln (vorderes MaGl). Beim Zusammenhäkeln immer erst in die zusammengehä-kelte Ma der Vorreihe einstechen, dann in die Um-schlag-Ma. Eine gerade Ma-Zahl anschlagen.

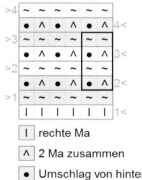

| rechte Ma
∧ 2 Ma zusammen
● Umschlag von hinten
~ Rückreihe

1. H: Mit Farbe 1 die Grund-reihe mit einer geraden Ma-Zahl häkeln.
1. R: Mit Farbe 2 abmaschen.
2. H: Mit Farbe 2 abwechselnd **[2 Ma zus und 1 Revers-Um-schlag]** häkeln, mit 1 Rand-Ma enden.
2. R: Mit Farbe 1 abmaschen.
3. H: Mit Farbe 1 wie Reihe 2 arbeiten.
3. R: Mit Farbe 2 abmaschen.
Reihe 2 und 3 wiederholen.

35

Netzpatent . . . .

Das Muster wird prinzipiell wie die Kettenglieder gearbeitet, aber versetzt eingestochen. Um zwei Ma zusammenzuhäkeln wird ab Reihe 3 erst in die Umschlag-Ma der Vorreihe eingestochen, dann in die zusammengehäkelte Ma. Die Farbe am linken Rand wechseln. Eine gerade Ma-Zahl anschlagen.

1. H: Mit Farbe 1 eine Grundreihe mit einer geraden Ma-Zahl häkeln.
1. R: Mit Farbe 2 abmaschen.
2. H: Mit Farbe 2 je [1 Revers-Umschlag und 2 Ma zus] häkeln, mit 1 Rand-Ma enden.
2. R: Mit Farbe 1 abmaschen.
3. H: Mit Farbe 1 je [2 Ma zus und 1 Revers-Umschlag] häkeln, mit 1 Rand-Ma enden.
3. R: Mit Farbe 2 abmaschen.
4. H: Mit Farbe 2 die erste Ma übergehen, dann jeweils [1 Revers-Umschlag und 2 Ma zus] häkeln, mit 1 re Ma und 1 Rand-Ma enden.
4. R: Mit Farbe 1 abmaschen.
Reihe 3 und 4 wiederholen.

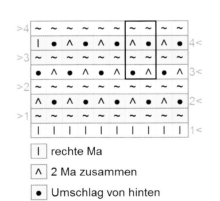

| | rechte Ma
∧ | 2 Ma zusammen
• | Umschlag von hinten
~ | Rückreihe

Fächerstäbchen . . . .

A Farbwechsel links   B Farbwechsel rechts

Für die Fächerstäbchen werden drei tunesische Stäbchen in dieselbe Einstichstelle gearbeitet. Mit einem Umschlag beginnen, den Häkelhaken in drei vordere MaGl einstechen und das erste Stäbchen häkeln, noch zweimal wiederholen. Reihe 4 beginnt und endet mit nur zwei Stäbchen in zwei zusammengehäkelte Maschen. Für Variante A die Garnfarbe am linken Rand wechseln, für B am rechten. Eine Ma-Zahl teilbar durch vier und drei Ma extra anschlagen, z. B. 19 Ma.

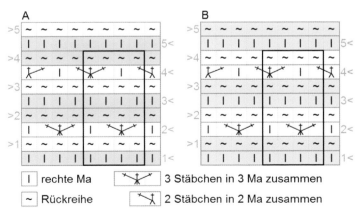

| rechte Ma   ✕̅ | 3 Stäbchen in 3 Ma zusammen
~ | Rückreihe   ✕ | 2 Stäbchen in 2 Ma zusammen

A

1. H: Mit Farbe 1 die Grundreihe mit einer Ma-Zahl teilbar durch 4 und 3 (inklusive 2 Rand-Ma) häkeln.
1. R: Mit Farbe 2 abmaschen.
2. H: Mit Farbe 2 je **[1 re Ma und 3 Stäb in 3 Ma zus]** häkeln, enden mit 1 re Ma und 1 Rand-Ma.
2. R: Mit Farbe 1 abmaschen.
3. H: Mit Farbe 1 **re Ma** und 1 Rand-Ma häkeln.
3. R: Mit Farbe 2 abmaschen.
4. H: Mit Farbe 2 mit 1 Lm und 2 Stäb in 2 Ma zus beginnen, weiter **[1 re Ma und 3 Stäb in 3 Ma zus]** häkeln, enden mit 1 re Ma, 2 Stäb in 2 Ma zus und 1 vläng Rand-Ma.
4. R: Mit Farbe 1 abmaschen.
Reihe 1 bis 4 wiederholen.

B

1. H: Mit Farbe 1 die Grundreihe mit einer Ma-Zahl teilbar durch 4 und 3 (inklusive 2 Rand-Ma) häkeln.
1. R: Mit Farbe 1 abmaschen.
2. H: Mit Farbe 2 je **[1 re Ma und 3 Stäb in 3 Ma zus]** häkeln, mit 1 re Ma und 1 Rand-Ma enden.
2. R: Mit Farbe 2 abmaschen, die letzte Ma mit Farbe 1.
3. H: Mit Farbe 1 **re Ma** und 1 Rand-Ma häkeln.
3. R: Mit Farbe 1 abmaschen, die letzte Ma mit Farbe 2.
4. H: Mit Farbe 2 mit 1 Lm und 2 Stäb in 2 Ma zus beginnen, weiter **[1 re Ma und 3 Stäb in 3 Ma zus]** häkeln, enden mit 1 re Ma, 2 Stäb in 2 Ma zus und 1 vläng Rand-Ma.
4. R: Mit Farbe 2 abmaschen, die letzte Ma mit Farbe 1.
Reihe 1 bis 4 wiederholen.

Schnecken . . . .

Für ein Maschenbüschel werden drei verlängerte rechte Ma in drei zusammengehäkelte Ma (vorderes MaGl) gearbeitet. Auch die Rand-Ma mit einer Lm anpassen. Die Farbe am linken Rand wechseln. Eine Ma-Zahl teilbar durch vier und drei Ma extra häkeln, z. B. 19 Ma.

1. H: Mit Farbe 1 die Grundreihe mit einer Ma-Zahl teilbar durch 4 und 3 (inklusive 2 Rand-Ma) häkeln.
1. R: Mit Farbe 2 abmaschen.
2. H: Mit Farbe 2 je **[1 li Ma und 3 vläng Ma in 3 Ma zus]** häkeln, mit 1 li Ma und 1 Rand-Ma enden.
2. R: Mit Farbe 1 abmaschen.
3. H: Mit Farbe 1 **re Ma** häkeln, mit 1 Rand-Ma enden.
3. R: Mit Farbe 2 abmaschen.
4. H: Mit Farbe 2 zuerst 1 Lm, dann 2 vläng Ma in 2 Ma zus häkeln, dann **[1 li Ma und 3 vläng Ma in 3 Ma zus]** häkeln, enden mit 2 vläng Ma in 2 Ma zus und 1 vläng Rand-Ma. Die Büschel liegen zu den vorigen versetzt.
4. R: Mit Farbe 1 häkeln.
Reihe 1 bis 4 wiederholen.

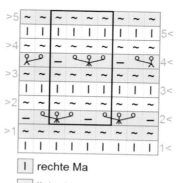

| | rechte Ma

— | linke Ma

3 vläng Ma in 3 Ma zus

2 vläng Ma in 2 Ma zus

~ | Rückreihe

Vierfarben Füllstich . . . . .

Für den Füllstich in die Lücke zwischen zwei Ma einstechen. Damit das Häkelstück rechtwinklig wird, in jeder zweiten Reihe die erste Lücke übergehen. Füllstiche liegen dachziegelartig zueinander versetzt, wie im Häkelschema zu erkennen. Die Garnfarbe am rechten Rand wechseln, dabei die letze Ma jeweils schon mit der neuen Farbe abmaschen.

1. H: Mit Farbe 1 die Grundreihe häkeln.
1. R: Alle Rückreihen mit der Farbe der Hinreihe abmaschen, die letzte Ma jeweils mit der neuen Farbe.
2. H: Mit Farbe 2 ab der ersten Lücke **Füllstiche** und 1 Rand-Ma häkeln (die letzte Lücke übergehen).
3. H: Mit Farbe 1 ab der zweiten Lücke **Füllstiche** und 1 Rand-Ma häkeln.
4. H: Mit Farbe 3 wie Reihe 2 arbeiten.
5. H: Mit Farbe 1 wie Reihe 3 arbeiten.
6. H: Mit Farbe 4 wie Reihe 2 arbeiten.
7. H: Mit Farbe 1 wie Reihe 3 arbeiten.
Reihe 2 bis 7 wiederholen.

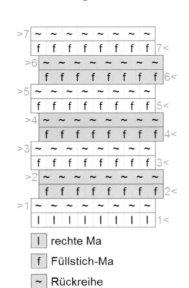

| | rechte Ma
| f | Füllstich-Ma
| ~ | Rückreihe

Füllstichsäulen . . . .

Für die Säulen häkelt man Füllstiche in die Lücke zwischen zwei Ma. Achtung: Ab Reihe 2 werden beide Füllstich-Ma in der Rückreihe zusammen abgemascht! Die Maschen zwischen den Säulen sind Überzug-Ma. Für diese einen Umschlag bilden, zwei rechte Ma ins vordere MaGl häkeln und den Umschlag über die zwei Ma ziehen. Die Garnfarbe links wechseln. Eine Ma-Zahl teilbar durch vier anschlagen.

1. H: Mit Farbe 1 die Grundreihe mit einer Ma-Zahl teilbar durch 4 (inklusive 2 Rand-Ma) häkeln, z. B. 16 Ma.
1. R: Mit Farbe 2 abmaschen.
2. H: Mit Farbe 2 je [1 Umschlag über 2 re Ma, 1 Füllstich, 2 Ma übergehen, 1 Füllstich] häkeln, mit 1 Umschlag über 2 re Ma und 1 Rand-Ma enden.
2. R: Mit Farbe 1 eine Wende-Lm, dann [2 Ma einzeln abmaschen und beide Füllstiche zus abmaschen], mit 2 einzelnen Ma enden.

3. H: Mit Farbe 1 je [1 Umschlag über 2 re Ma, 2 Füllstiche] häkeln, enden mit 1 Umschlag über 2 re Ma und 1 Rand-Ma.
3. R: Mit Farbe 2 wie Rückreihe 2 häkeln. Reihe 2 und 3 wiederholen.

| | rechte Ma | f | Füllstich-Ma
| ⌐|° | Umschlag über 2 re Ma ziehen
| ~ | Rückreihe
| ⋀ | Rückreihe 2 Ma zusammen

Handstulpen Melly......

Material
• Je 1 Knäuel Wolle in zwei Farben, Lauflänge 250 m pro 100 g z. B. "Happy" von Gründl
• Lange tunesische Häkelnadel 4 mm
• Schere, Stopfnadel, große Sicherheitsnadel
• 6 offene Maschenmarkierer (oder Büroklammern)

Maschenprobe
Grundlage ist das Muster "Strickbund-Rippen" Seite 18.
10 cm = 20 Maschen
10 cm = 16 Reihen

Größe: Die Stulpen haben eine Einheitsgröße und sind 20 cm lang und 9 cm breit (Umfang 18 cm).

Rechte Stulpe
1. H: In Grau für die Grundreihe 40 Lm locker anschlagen, die erste Lm übergehen, dann 39 Ma durch jedes einzelne MaGl auf der Rückseite holen.
1. R: In Blau die Wende-Lm häkeln, alle Ma abmaschen.

2. H: Nach Häkelschema Seite 40 werden gehäkelt: **2 Strickstich-Ma** (die rechte Rand-Ma ersetzt einen Strickstich), **3 li Ma, 3 Strickstich-Ma, 3 li Ma, 3 Strickstich-Ma, 22 li Ma, 2 Strickstich-Ma und 1 Rand-Ma.** Für die Rand-Ma einen Faden beider Farben erfassen. Der linke Rand liegt später am Arm, darum nicht zu straff anziehen.

2. R: In Grau die Rückreihe häkeln. Damit der linke Rand gleichmäßig aussieht, bleibt der blaue Faden beim Farbwechsel immer vor dem grauen und der graue bleibt hinter dem blauen. So verdrillen sich die Knäule nicht.

3. bis 14. H und R: Wie Reihe 2 weiterhäkeln, dabei vor jeder Rückreihe die Farbe wechseln. Die 14. Rückreihe ist grau. Dann beginnt der Keil für den Daumen.

Häkelschema rechte Stulpe

Im Häkelschema sind die Rand-Ma am rechten Rand der Vollständigkeit halber als rechte Ma in Grau einzeichnet. Sie werden aber nicht extra gehäkelt, auch nicht am Daumen ab Reihe 16.

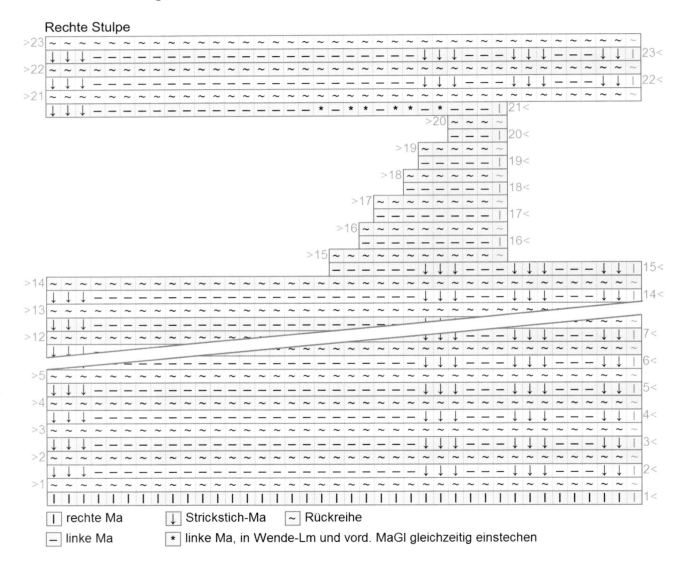

Rechte Stulpe

⎸ rechte Ma	⬇ Strickstich-Ma	~ Rückreihe
— linke Ma	* linke Ma, in Wende-Lm und vord. MaGl gleichzeitig einstechen	

15. H: In Grau eine verkürzte Hinreihe mit **2 Strickstich-Ma, 3 li Ma, 3 Strickstich-Ma, 3 li Ma, 3 Strickstich-Ma und 6 li Ma** häkeln, siehe Bild 1 Seite 39.

15. R: Eine verkürzte Rückreihe häkeln, mit der Wende-Lm beginnen, dann 11 Ma abmaschen. Die letzten 9 Ma auf der Nadel auf einer Sicherheitsnadel stilllegen.

16. H: 9 li Ma häkeln, die beiden letzten Ma bleiben frei. Die Rückreihe wie gewohnt abmaschen. Es erleichtert die Arbeit, wenn in die Wende-Lm Maschenmarkierer (oder Büroklammern) eingehängt werden, um sie später einfacher wiederzufinden. Die Pfeile in Bild 2 zeigen auf die Wende-Lm.

In Grau werden **3 li Ma, 1 * Ma, 1 li Ma, 2 * Ma, 1 li Ma, 2 * Ma, 1 li Ma, 1 * Ma, 15 li Ma, 2 Strickstich-Ma und 1 Rand-Ma** gehäkelt. Am Reihenende sollten sich 31 Ma auf der Nadel befinden, siehe Bild 4.

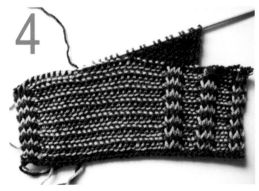

17. H: 8 li Ma häkeln, dann die Rückreihe.
18. H: 6 li Ma häkeln, dann die Rückreihe.
19. H: 5 li Ma häkeln, dann die Rückreihe.
20. H: 3 li Ma häkeln, dann die Rückreihe.

21. H: Nun werden wieder alle Ma bis zum linken Rand gehäkelt. Damit beim Zunehmen an den Stufen keine Löcher entstehen, werden die Wende-Lm der Vorreihe mit der nächsten linken Ma zusammengehäkelt. Diese Ma sind im Schema als Stern (*) gekennzeichnet. Den Faden vor die Arbeit legen, in die Wende-Lm und in die nächste Ma eine Reihe unterhalb der Stufe einstechen, dann beide Ma links zusammenhäkeln (Bild 3).

21. R: In Blau die Rückreihe abmaschen. Jetzt werden auch die stillgelegten 9 Ma am rechten Rand wieder auf die Nadel genommen und abgemascht.

22. bis 34. H und R: Wie Reihe 2 und 3 abwechselnd häkeln, bis eine Gesamthöhe von 18 cm erreicht ist. Dann können die Ma abgekettet werden.

Abkettreihe: Alle Maschen sind mustergemäß abzuketten. Mustergemäß bedeutet die Kettmaschen so zu häkeln, wie sie im Muster erscheinen, also als Strickstich oder linke Ma in das entsprechende MaGl eingestochen. Den Umschlag gleich durch beide Schlingen auf der Nadel ziehen, so bleibt jeweils nur eine Ma auf der Nadel. Bild 5 zeigt abgekettete linke Ma.

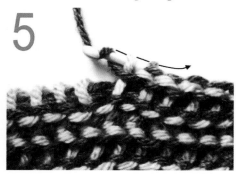

Es werden abgekettet: **2 Strickstich-Ma, 3 li Ma, 3 Strickstich-Ma, 22 li Ma und 3 Stickstich-Ma.**
Dann den Faden mit einem Meter Länge abschneiden und zum Zusammennähen benutzen. Beide Kanten von außen im Matratzenstich zusammennähen, wie im Bild 6 gezeigt. Es wird durch jede Ma zweimal mit der Nadel durchgegangen. Die Anschlag- und Abkettreihe bilden eine Schmuckkante.

Zum Fertigstellen die Fäden vernähen.

Linke Stulpe

1. bis 14. H und R: Wie bei Stulpe 1 beschrieben häkeln, die 14. Rückreihe in grau.

15. H: Den Daumenkeil in grau nach dem Häkelschema Seite 44 arbeiten. Eine verkürzte Hinreihe mit **2 Strickstich-Ma, 3 li Ma, 3 Strickstich-Ma, 3 li Ma, 3 Strickstich-Ma und 6 li Ma** häkeln.

15. R: Eine verkürzte Rückreihe häkeln, mit der Wende-Lm (Maschenmarkierer einhängen) beginnen, dann 11 Ma abmaschen. Die letzten 9 Ma auf einer Sicherheitsnadel stilllegen.

16. H: Eine verkürzte Hinreihe aus **3 li Ma** häkeln, die beiden letzten 8 Ma bleiben frei. Die Rückreihe wie gewohnt abmaschen.

17. H: Mit **3 li Ma** beginnen und 1 Ma aus der Vorreihe aufgreifen, dazu **1 li * Ma** arbeiten (Wende-Lm und nächste Ma der Vorreihe links zusammenhäkeln), mit **1 li Ma** enden. Es bleiben 6 Ma vom Daumen frei. Die Rückreihe abmaschen.

18. H: **5 li Ma und 1 li * Ma**, die Rückreihe abmaschen.

19. H: **6 li Ma, 1 li * Ma und 1 li Ma** häkeln und die Rückreihe abmaschen.

20. H: **8 li Ma, 1 li * Ma und 1 li Ma** häkeln und die Rückreihe abmaschen.

21. H: **10 li Ma, 2 li * Ma, 15 li Ma, 2 Strickstich-Ma und 1 Rand-Ma** häkeln, dabei werden alle Ma bis zum linken Rand wieder aufgenommen.

21. R: In Blau die Rückreihe abmaschen. Jetzt auch die stillgelegten 9 Ma am rechten Rand wieder abmaschen.

22. bis 34. H und R: Reihe 2 und 3 wiederholen.
Die Stulpe abketten und zusammennähen wie oben beschrieben.

Häkelschema linke Stulpe

Die linke Stulpe unterscheidet sich von der rechten durch den Daumenteil. Die Linksrippen der Daumen verlaufen an beiden Händen spiegelbildlich in die entgegengesetzte Richtung.

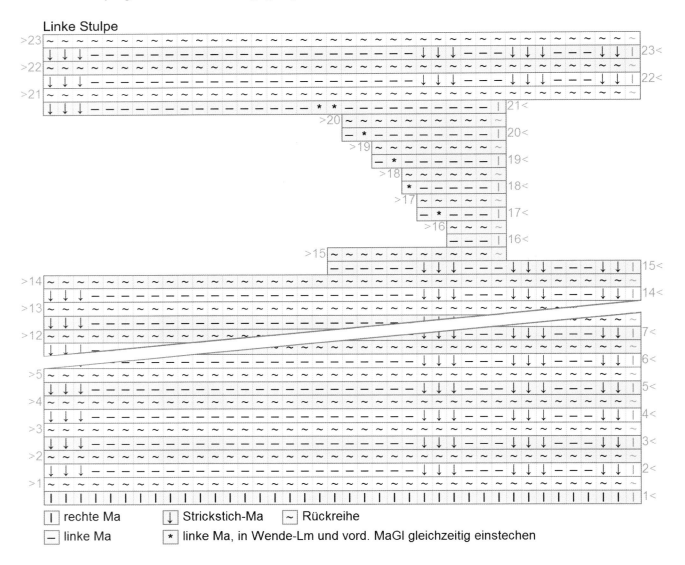

Linke Stulpe

| | rechte Ma | ↓ Strickstich-Ma | ~ Rückreihe |
| | linke Ma | * linke Ma, in Wende-Lm und vord. MaGl gleichzeitig einstechen |

Weitere Titel der Reihe . . . .

TUNESISCH Häkeln
Strukturmuster
Band 1

TUNESISCH Häkeln
Bunte Mustervielfalt
Band 3

TUNESISCH Häkeln
(in Kürze erhältlich)
Band 4

Impressum . . . .

© 2016, Entwurf, Modelle, Text, Fotos, Zeichnungen, Cover und Satz: Petra Tornack-Zimmermann, Bachstraße 42, 76297 Stutensee, E-Mail: petra.tornackzimmermann@web.de
Druck: CreateSpace Independent Publishing Platform

ISBN-13: 978-1533650955
ISBN-10: 1533650950

Printed in Poland
by Amazon Fulfillment
Poland Sp. z o.o., Wrocław